M000195101

CRISTIANISMO REAL

Una reflexión sobre el Evangelio y las diferentes formas de ser cristiano

José M.ª Baena

editorial clie

EDITORIAL CLIE
C/ Ferrocarril, 8
08232 VILADECAVALLS
(Barcelona) ESPAÑA
E-mail: libros@clie.es
http://www.clie.es

© 2014 José M.ª Baena Acebal

«Cualquier forma de reproducción, distribución, comunicación pública o transformación de esta obra solo puede ser realizada con la autorización de sus titulares, salvo excepción prevista por la ley. Diríjase a CEDRO (Centro Español de Derechos Reprográficos, www.cedro.org <http://www.cedro.org>) si necesita fotocopiar o escanear algún fragmento de esta obra».

© 2014 Editorial CLIE

CRISTIANISMO REAL
Una reflexión sobre el evangelio y las diferentes formas de ser cristiano
ISBN: 978-84-8267-860-3
Depósito legal: B.10299-2014
MINISTERIOS CRISTIANOS
Evangelismo
Referencia: 224863

José Mª Baena es Graduado en Teología por la *Facultad de Teología de las Asambleas de Dios;* Diplomado en Enseñanza Religiosa Evangélica por el *CSEE* (España) y Pastor del *Centro Cristiano Internacional Asambleas de Dios,* de Sevilla (España). Profesor de *Enseñanza Religiosa Evangélica* (ESO) y de la *Facultad de Teología de las Asambleas de Dios.* Ha sido Presidente de las *Asambleas de Dios en España* y de la *Federación de Entidades Religiosas Evangélicas* (FEREDE).

Dedicado a mis amigos,
amantes de la justicia y de la verdad,
que no se conforman
con lo humanamente establecido.

A mi esposa y a mis hijos.

Agradecimientos

Deseo expresar mi mayor agradecimiento a quienes considero dos grandes compañeros y amigos cuya colaboración me ha sido especialmente preciosa a la hora de revisar esta obra:

A D. Amaro Rodríguez García, exsacerdote católico, pastor evangélico, licenciado en teología, compañero de ministerio; por sus correcciones, sugerencias, todas muy constructivas e inspiradoras.

A D. Ramón Ronda Segrelles, sacerdote salesiano, licenciado en Teología y Psicología, profesor de Religión Católica en el Instituto de Enseñanza Secundaria Joaquín Romero Murube y, por tanto, compañero de trabajo; por sus comentarios y sugerencias que me han ayudado a ponerme al día y comprender mejor los posicionamientos actuales de la Iglesia católica, además de algunas sugerencias de vocabulario, más comprensible para quien no está acostumbrado a nuestro modo de expresión evangélico.

Con la ayuda de ambos, he intentado mantenerme en un terreno ecuánime y adecuado a los propósitos de esta obra, que no son otros que hacer revivir el verdadero cristianismo en cualquiera que se identifique como cristiano, dentro de cualquiera de sus confesiones o denominaciones.

ÍNDICE GENERAL

PRÓLOGO

El propósito de este trabajo no es polemizar sobre asuntos doctrinales o dogmáticos de los muchos que separan a los cristianos, ni entrar en controversia alguna. Mi deseo al escribir las páginas que siguen es reflexionar y hacer reflexionar, especialmente a quienes nos identificamos con alguna de las tendencias en que el cristianismo se divide desde hace siglos. Al hacerlo no pretendo en ninguna manera fomentar en nadie ningún tipo de ecumenismo, independientemente del valor que el lector asigne a este concepto, ni hacer proselitismo en ningún sentido.

Es evidente que, si hablamos de cristianismo, tengamos que poner sobre la mesa los temas que nos separan, o sobre los que hay diversas maneras de entender las cosas, pero al exponerlos, intento hacerlo con el máximo respeto a la conciencia de cada uno. He de ser crítico y, cómo no, cuando el asunto en discusión contrasta en forma clara con las enseñanzas del Evangelio, pues este es en suma el verdadero centro de mi reflexión, mis palabras podrán chocar al lector.

Puede que seamos cristianos, pero ¿seguimos realmente las enseñanzas de Jesús? No me erigiré en juez, porque también soy parte, y porque no me corresponde. Mis reflexiones son para mí, y solo pretendo que quien lee medite y reflexione igualmente para sí sobre su propia manera de ser cristiano.

Tampoco he pretendido ni pretendo ser exhaustivo sobre los temas abordados; simplemente intento tratarlos en forma suficiente para un examen personal que pueda movernos a un entendimiento más íntimo de nuestra fe personal y de nuestra relación con Dios y con los demás. La fe es una experiencia que nos une con Dios y con otros que viven la misma experiencia más o menos en la misma manera, aunque la variedad de formas sea infinita. Es eso lo que nos «religa» en algo más amplio que nosotros mismos como individuos y que se llama la Iglesia, la asamblea o congregación de los creyentes, la comunidad de fe, que llaman muchos. Pero la Iglesia no es lo absoluto, porque lo absoluto solo es Dios.

En consecuencia, mi deseo no es que nadie cambie de identidad, sino que cada cual sepa ser coherente con lo que dice ser y lo asuma consecuentemente. Lo que debe de cambiar es nuestra manera de vivir, nuestra fe. Ser cristiano es mucho más que haber nacido en un determinado país de tradición y cultura cristiana, adscrito a cualquiera de las tendencias conocidas. Ser cristiano es una decisión que se toma todos los días y que tiene consecuencias inmediatas y prácticas en nuestra forma de vivir.

José M.ª Baena
Sevilla, diciembre de 2012

CAPÍTULO I

Para empezar por el principio

Jesucristo no fundó la Iglesia católica de Roma, ni tampoco las Iglesias ortodoxas o protestantes. Es evidente: todas ellas son bastante posteriores a su tiempo y todas tienen su origen en las acciones y decisiones humanas, sean estas más o menos acertadas o equivocadas. Hay incluso quienes sostienen que nunca fundó iglesia alguna. Lo cierto, por lo que nos cuentan los Evangelios, es que en algún momento al inicio de su ministerio, Él «designó a doce para que estuvieran con Él, para enviarlos a predicar» (Mc 3:14). Esos doce discípulos, «a los cuales también llamó apóstoles» (Lc 6:13), es decir enviados —o misioneros si usáramos una terminología actual— después de estar con Él durante un período de tiempo aproximado de tres años durante el cual Él los adiestró como lo hacían los maestros de la época; y después de haber compartido con Él todo el tiempo de su ministerio por tierras de Palestina, tras su partida, se sintieron desprotegidos y atemorizados y, encerrados en el salón de un primer piso por temor a las mismas autoridades que habían dado muerte a su maestro, se vieron sorprendidos de pronto por un fenómeno sobrenatural que los transformaría en valientes propagadores de una fe, no nueva, porque nacía del existente judaísmo, sino revitalizada y llevada a la plenitud anunciada por sus profetas.

El día de Pentecostés, nombre en griego de la fiesta judía de la cosecha (heb. *Shavuot*) que se celebraba cincuenta días después de la Pascua —de ahí su nombre—, el evangelista Lucas cuenta cómo

> … de repente vino del cielo un estruendo como de un viento recio que soplaba, el cual llenó toda la casa donde estaban; y se les aparecieron lenguas repartidas, como de fuego, asentándose sobre cada uno de ellos. Todos fueron llenos del Espíritu Santo y comenzaron a hablar en otras lenguas, según el Espíritu les daba que hablaran. (Hch 2:2-4).

Esta manifestación sobrenatural llamó la atención de los habitantes de Jerusalén, que acudieron al lugar sorprendidos y deseosos de ver lo que sucedía; aunque su análisis no fue muy fino, pues Pedro tuvo que aclararles que «estos no están borrachos, como vosotros suponéis» (Hch 2:15), explicándoles a continuación que aquello que estaban presenciando no era ni más ni menos que el cumplimiento de lo dicho por el profeta Joel[1] unos siete siglos y medio atrás. Tras las palabras de Pedro a la multitud refiriendo lo que había sucedido realmente con su maestro Jesús, su muerte a manos de las autoridades judías y romanas y su resurrección, declarándolo *mesías* —el ungido o escogido por Dios para salvar al pueblo— se produjo una reacción masiva de la multitud, resultando en unas tres mil personas que creyeron sus palabras y optaron por bautizarse en señal de conversión.

---

[1] Jl 2:28-32.

Ese es el momento cuando la mayoría de los eruditos y teólogos entiende que se constituye la Iglesia. Ciertamente, Jesús es el fundador de algo mucho más trascendente que una institución eclesiástica, pues se trata de un movimiento espiritual que transformó la civilización occidental. La que conocemos como *Iglesia* —la asamblea de los creyentes—, existente germinalmente en aquellos ciento veinte discípulos de Jesús reunidos en el aposento alto, eclosiona el día de Pentecostés. A partir de ese momento hemos de recurrir a la historia para tener una visión ponderada de ella y de su evolución a través del tiempo, pasando de un grupo más o menos organizado —o quizá habría que decir más bien desorganizado— de fieles a distintas organizaciones estructuradas e institucionalizadas; para ver cómo se pasa de una fe sencilla y vivencial a la elaboración de todo un complejo sistema teológico; de estructuras de gobierno heredadas de la sinagoga judía a la asimilación, en el caso del catolicismo romano, de la estructura del Imperio romano; de ser perseguida como amenaza para la paz social a ser ella misma perseguidora de quienes la amenazan desde dentro o desde afuera…

Los primeros datos nos vienen dados por el libro de los Hechos de los Apóstoles, cuyo autor es Lucas, el médico de origen griego, colaborador y compañero de viaje de Pablo de Tarso. Este libro es la continuación o segunda parte de su Evangelio, escritos ambos tras una profunda y minuciosa investigación y recopilación de datos procedentes de diversas fuentes.[2] Algunos de los relatos, tras la partida de Troas hacia Samotracia en

---

[2] En el prólogo al Evangelio, Lucas escribe: «Puesto que ya muchos han tratado de poner en orden la historia de las cosas que entre nosotros han sido ciertísimas, tal como nos las enseñaron los que desde el principio las vieron con sus ojos y fueron ministros de la palabra, me ha parecido también a mí, después de haber investigado con diligencia todas las cosas desde su origen, escribírtelas por orden, excelentísimo Teófilo, para que conozcas bien la verdad de las cosas en las cuales has sido instruido». (Lc 1:1-4).

el segundo viaje misionero de Pablo, se basan en sus propias experiencias como compañero suyo.

La primera comunidad de seguidores de Jesús se constituye, pues, en Jerusalén; pero pronto, y debido en buena parte a la persecución desencadenada por las autoridades judías contra ella, estos creyentes judíos, renovados por el mensaje de Jesús y de sus seguidores, se esparcen y, según nos refiere Lucas en su relato, «los que fueron esparcidos iban por todas partes anunciando el Evangelio» (Hch 8:4). Así que lo que fue un intento por reprimir una idea disidente y seguramente revolucionaria se constituye en el primer motor de su expansión. Como ocurre casi siempre: reprime, y solo conseguirás extender más lo que pretendes reprimir. Es como echar gasolina al fuego. Las ideas no se pueden reprimir, y menos si estas ideas son vivencias que transforman toda una vida. Aquellos discípulos de basta y rústica cultura y condición se convirtieron en un peligro; una verdadera plaga y una amenaza para una clase religiosa y política corrompida; algo que había que extirpar a toda costa antes de que fuera demasiado tarde. El que después fuera apóstol, el fariseo Saulo de Tarso, asumiría con vehemencia el cumplimiento de esta misión. Siguiendo el relato:

> Saulo, por su parte, asolaba la Iglesia; entrando casa por casa, arrastraba a hombres y mujeres y los enviaba a la cárcel… respirando aún amenazas y muerte contra los discípulos del Señor, vino al sumo sacerdote y le pidió cartas para las sinagogas de Damasco, a fin de que si hallaba algunos hombres o mujeres de este Camino, los trajera presos a Jerusalén. (Hch 8:3; 9:1-2).

Y aquí tenemos uno de los primeros apelativos para esos judíos disidentes, seguidores de una secta[3] nueva —y no eran

---

[3] Utilizamos este término en su sentido antiguo y original, de grupo si no aún

pocas las que se pueden considerar en el espectro socio-religioso judío de la época— «los del Camino», también conocidos como 'nazarenos'.

Siguiendo el curso de la historia, algunos de aquellos judíos que habían sido esparcidos por todas partes por causa de la persecución llegaron a Antioquía, en la provincia de Siria a la que pertenecía Palestina, y allí predicaron a personas que no eran judías, a quienes estos llamaban 'gentiles'.[4] Lucas añade a su relato una nota de gran calado histórico:

> A los discípulos se les llamó cristianos por primera vez en Antioquía. (Hch 11:26).

Así que, aquí tenemos el origen de la palabra 'cristiano', término usado por la gente para designar en forma un tanto despectiva a los seguidores de aquel *jristos* o 'ungido',[5] al que predicaban sus discípulos o seguidores afirmando con vehemencia que había resucitado y que estaba vivo.

Todavía no había ni católicos, ni ortodoxos, ni protestantes: solo cristianos. Tampoco había dado tiempo a que hubiera herejes o disidentes. En todo caso, los cristianos eran los herejes para los judíos, que se consideraban ortodoxos. Siempre ha sido peligrosa esta palabra, la de 'ortodoxo'. Significa 'el que

---

escindido, sí diferenciado del resto de la comunidad judía, sin mayores connotaciones peyorativas.

[4] En heb. *gôyîm*; gr. *ethnē* (o *Hellēnes*) por la Vg., *gentiles*. Término inicialmente aplicado a las naciones, y después en forma más estricta para designar a los no judíos. Fuente: DOUGLAS, J.: *Nuevo diccionario bíblico*; Miami: Sociedades Bíblicas Unidas, 2000; primera edición.

[5] El término 'Cristo' es la trascripción al alfabeto latino de la palabra griega Χριστός (*Christos* /*jristos*), y que significa 'ungido', es decir, designado y dotado divinamente para cumplir con una misión. Es el equivalente a la palabra hebrea que ha pasado a nuestro idioma como 'mesías'. El término se ha constituido como un título asignado a Jesús de Nazaret, y de ahí el nombre compuesto: Jesucristo.

enseña la doctrina correcta'. El problema es saber quién determina si la doctrina es correcta o no; cuál es la ortodoxia o cuál la heterodoxia o la herejía. El otro problema es saber qué se hace con aquellos que no son considerados ortodoxos: ¿se les expulsa? ¿se les persigue? ¿se les quema? o ¿qué otras opciones hay? Habría que considerar con más atención y humildad y, por qué no decirlo, con más caridad, las propias enseñanzas del único ortodoxo posible: Jesús mismo. El elemento diferenciador era el haber tenido una experiencia transformadora.

Para los judíos se trataba de haber descubierto el verdadero sentido de su fe judaica: al Mesías prometido, que en sus enseñanzas les repetía sin cesar «oísteis que os fue dicho… mas yo os digo…». Es decir, Jesús era el cumplimiento de las Escrituras, quien les daba sentido y las llevaba a su plenitud.

Para los gentiles, los llamados paganos,[6] que vivían confundidos en el politeísmo, la idolatría y en una condición moral mayoritariamente degradada, denunciada por sus propios literatos, filósofos y muchos de sus dirigentes, significaba haber abandonado las supersticiones, las prácticas idolátricas y la depravación moral, habiendo encontrado al «Dios no conocido», honrado en uno de los numerosos altares de Atenas y, seguramente, de otros lugares.

Para todos ellos, seguir al Cristo o Mesías de los cristianos significaba vivir una vida nueva, transformada, que merecía la pena, en armonía con los demás compañeros de experiencias, llamados 'hermanos'. El resultado no se plasmaba en una vida de aislamiento y lúgubre solemnidad a la sombra de las paredes de ningún recinto especial en particular, sino que, como nos cuenta Lucas,

---

[6] El origen de este apelativo viene del latín *paganus*, 'aldeano' o 'campesino', porque el cristianismo se propagó primero por las grandes urbes y ciudades llegando tardíamente a las zonas rurales, por lo que ser aldeano o rústico era sinónimo de «no cristiano».

perseveraban unánimes cada día en el templo, y partiendo el pan en las casas comían juntos con alegría y sencillez de corazón, alabando a Dios y teniendo favor con todo el pueblo. Y el Señor añadía cada día a la Iglesia los que habían de ser salvos. (Hch 2:46-47).

La fraternidad, la alegría, la simpatía y el agrado eran manifestaciones propias de aquellos primeros seguidores de Jesús, que componían lo que viene a llamarse su «Iglesia».

CAPÍTULO 2

Fe y religión

Antes de que nos adentremos en los diferentes temas, es necesario que nos fijemos en un asunto más básico y personal: hablemos de fe y de religión, dos palabras que se tienen por sinónimas, pero que en realidad son bien diferentes.

No es fácil definir lo que es la religión, pues existen multitud de definiciones dispares por parte de teólogos, sociólogos y antropólogos que no parecen ponerse de acuerdo. Se han ocupado de ella y han profundizado en su estudio personajes del calibre de Comte, Durkheim, Weber o Marx. Es claro que las religiones constituyen un «hecho» innegable: existen, con su misterio, creencias, prácticas diversas, expresiones externas y consecuencias vitales. Hay quienes se consideran religiosos porque creen en Dios; otros dicen creer en Dios, pero no se consideran religiosos. Hay también quienes se consideran totalmente irreligiosos y ajenos a toda religión, pero no dejan de manifestar las mismas realidades en su vivir diario que quienes lo son o son tenidos por tales. No es fácil, pues, entrar en este terreno. No obstante, sobre una base mínima de entendimiento, se reconoce que existen grandes religiones como el judaísmo, el cristianismo, el islam, el budismo, el hinduismo, etcétera. El ateísmo, que existe prácticamente desde siempre, pero que es bastante común en nuestras sociedades supuestamente más avanzadas, cobra tintes de religión, pues asume presupuestos dogmáticos del mismo carácter que algunas religiones y comparte como cosmovisión algunas de sus características.

Uno de los aspectos importantes de este debate es el de la religiosidad, que es la forma como se expresa la religión en determinadas sociedades, grupos o individuos. Caro Baroja dirá que «esta palabra se refiere más que a "la práctica y esmero en cumplir las obligaciones religiosas", a la facultad de practicar una religión, dentro de las limitaciones individuales y sociales que le son impuestas a todo hombre al nacer».[1] Añade unas páginas más adelante el mismo autor: «desde las formas de piedad más popular y humilde a las de los grandes místicos, pasando por las expresiones de la religiosidad más burocratizada, las que adoptan un modo artístico peculiar o las que se refieren más bien a ritos expiatorios y aun represivos, hay tal riqueza de manifestaciones de una misma religión, individuales y colectivas, en un país y una época dados, que sería vano pretenderlas reducir a un solo esquema y buscarles la explicación total en un solo "substrato" histórico o en una sola base social».[2] Reafirma así lo difícil, por no decir imposible, que resulta tratar de reducir nuestras conclusiones a tópicos y generalizaciones, lo que fácilmente nos llevaría a error, sin lugar a dudas. Llama la atención cuando dice «el *español típico* es un producto tan imaginario como un personaje de comedia clásica. De aceptarse su existencia, se llegaría a negar la calidad

---

[1] CARO BAROJA, Julio: *Las formas complejas de la vida religiosa. (Siglos XVI y XVII)*; Madrid: Sarpe, 1985; p. 29.
[2] Ibíd.; p. 32.

de españoles a muchas personas, que no se sabría luego a qué tierra adscribir, porque nacieron, vivieron y murieron en España aunque no corresponden al canon».[3] Es lo que ha ocurrido históricamente con tantos disidentes, tanto religiosos como políticos. Ser protestante en España era —y para muchos aún lo es hoy— inconcebible. Es la negación de «lo español», tanto como traicionar a la patria, que según declara la Constitución de 1812, la Pepa, hoy tan celebrada, «Art. 12. La religión de la Nación española es y será perpetuamente la católica, apostólica, romana, única verdadera. La Nación la protege por leyes sabias y justas, y prohíbe el ejercicio de cualquiera otra». Todo un modelo de tolerancia y libertad.

Sin embargo, el hecho de que un erudito de la talla de Marcelino Menéndez y Pelayo dedique a quienes piensan de otra manera una obra tan inmensa como su *Historia de los heterodoxos españoles*, dos tomos de contenido amplio y variado del que beben todos, partidarios y detractores, no hace sino mostrarnos que España ha sido siempre una tierra fácil para la variedad, la disparidad y la disidencia, y que estos —los disidentes o heterodoxos— no han sido ni son algo de poca monta o residual. Han sido los intereses regios y de los grandes señores y grupos de presión quienes siempre han impuesto históricamente la eliminación de toda disidencia, lo cual no constituye nada nuevo bajo del sol. Así es como se les ocurrió a los reyes católicos, Isabel y Fernando —*tanto monta, monta tanto*— la feliz idea de implantar en sus reinos la Santa Inquisición, que ni era santa ni era inquisición, porque su intento no fue el de «inquirir» o averiguar la verdad como se le suponía o se pretendía, sino imponer a los desgraciados que caían en sus manos un veredicto de culpabilidad prácticamente inevitable. No se trata aquí de hacer ningún juicio de valor histórico sobre

---

[3] Ibíd.; p. 33.

este desgraciado y denostado tribunal, abolido temporalmente por Napoleón en 1808 y definitivamente por Martínez de la Rosa en 1834, durante la regencia de María Cristina. Con todo, la intolerancia religiosa o política no fue patrimonio exclusivo de España y los españoles. De hecho, la Inquisición se inventó algún que otro siglo antes por los papas romanos para combatir las disidencias albigense y valdense en el sur de Francia y norte de Italia.

La fe es otra cosa. Es la respuesta del corazón humano a la palabra de Dios. Son muchos los textos del Nuevo Testamento que hablan de la fe, palabra que es la traducción del vocablo griego *pistis*, que el *Diccionario griego-español* de Sopena traduce, entre otras acepciones, por 'fe', 'confianza', 'lealtad', 'crédito', 'garantía', 'prueba'… La fe no es creer lo increíble ni una mera creencia infundada: todo lo contrario. La fe se basa en un fundamento sólido, tiene sus pies puestos sobre la roca; de ahí su fuerza y su poder. La fe del cristiano está fundamentada en la revelación divina. Para quien no conoce esta revelación le parecerá un fundamento absurdo, pero para quien ha tenido un encuentro genuino con Dios, es un fundamento inquebrantable. Está escrito: «la fe es por el oír, y el oír, por la palabra de Dios (Ro 10:17), así como

> … por gracia sois salvos por medio de la fe; y esto no de vosotros, pues es don de Dios. No por obras, para que nadie se gloríe, pues somos hechura suya, creados en Cristo Jesús para buenas obras, las cuales Dios preparó de antemano para que anduviéramos en ellas. (Ef 2:8-9).

Fe y religión, por tanto, no son lo mismo, aunque están relacionadas. No es la religión la que más nos interesa aquí, sino la fe. La primera tiene su valor, no cabe duda, pero es circunstancial. La segunda es de vital importancia, porque de ella depende nuestra vida, aquí y más allá. Cuando el profeta dice «el justo vivirá por la fe» (Hab 2:4) está expresando claramente que esa es su fuerza vital que lo sostiene frente a las circunstancias de la vida, tantas veces adversas. No se trata de resignación, de aceptación de lo fatal, sino de una fuerza interior que lo capacita a uno para enfrentarse a lo que venga, para superar los obstáculos, para vencer. A lo largo de estas páginas, al tratar temas en los que la fe está directamente involucrada, añadiremos más detalles que enriquecerán nuestro conocimiento sobre el asunto.

CAPÍTULO 3

Iglesia e iglesias

Hoy la palabra 'iglesia' puede tener diferentes significados en nuestro lenguaje habitual. Hablamos de *iglesias* refiriéndonos a los edificios de culto de las diferentes confesiones cristianas y asimiladas. Todos sabemos que, por el contrario, el lugar donde se reúnen los judíos se llama 'sinagoga'; y que donde lo hacen los musulmanes, se llama 'mezquita'. Los budistas tienen sus 'pagodas', etcétera.

También se asigna este término a las diferentes confesiones cristianas: la Iglesia católica romana o Iglesia de Roma, autodenominada «La Iglesia» por antonomasia, título que además le otorgan no pocos ajenos a ella misma, con notable menoscabo hacia las demás, que también lo son. También las Iglesias ortodoxas, como la Iglesia ortodoxa rusa, o Iglesia ortodoxa griega, armenia, siria, o copta, etcétera. Después están las Iglesias protestantes o evangélicas, como la Iglesia luterana, las Iglesias reformadas; o las Iglesias bautistas, pentecostales, etcétera. La profusión de nombres ha llevado a hablar de «denominaciones», que no son otra cosa que las diferentes maneras de identificarse las distintas entidades que forman la cristiandad como unidad homogénea, por mucho que internamente esta unidad homogénea esté constituida por una gran diversidad heterogénea profusa y, a veces, también difusa. Los asimilados también se llaman Iglesia: la Iglesia mormona o de los Santos de los Últimos Días; o la Iglesia de los Testigos de Jehová, ahora autodenominados «cristianos»; aunque, en sentido estricto, estas dos últimas confesiones no son realmente cristianas, sino solamente asimiladas, porque sus doctrinas o enseñanzas se alejan del cristianismo generalmente admitido.

La palabra 'iglesia' viene del griego *ekklesia*, y en su origen no tiene ninguna connotación religiosa, sino más bien política, pues hacía referencia a la asamblea del pueblo convocado para tratar los asuntos públicos. Cuando los primeros cristianos hablaban de *Iglesia*, querían significar el pueblo de Dios reunido en asamblea para dar culto a Dios o para tratar los asuntos que les eran propios. La Iglesia de las Escrituras, pues, es un colectivo de personas: los creyentes. Los demás usos lingüísticos del término lo son por extensión.

Las Iglesias en el Nuevo Testamento

Al principio, en el libro de los Hechos, de donde obtenemos toda esta preciosa información respecto a los orígenes del cristianismo, se hablaba de la Iglesia en Jerusalén, o de la Iglesia en Antioquía, etcétera. La Iglesia era una concreción en el tiempo y en el espacio: la constituía un grupo de personas en un determinado lugar en un momento histórico determinado. Por eso, en cuanto estos grupos se van organizando y multiplicando se habla de *las Iglesias*, en plural:

Entonces las Iglesias tenían paz por toda Judea, Galilea y Samaria; eran edificadas, andando en el temor del Señor, y se acrecentaban fortalecidas por el Espíritu Santo (...) Así que las Iglesias eran animadas en la fe y aumentaban en número cada día. (Hch 9:31; 16:5).

'Iglesia', para el cristianismo, en sentido estricto, quiere decir 'asamblea o congregación de creyentes'. En determinados medios se la llama 'parroquia' y en otros, 'iglesia local', y es la base de la estructura del movimiento cristiano. En las cartas de los apóstoles también se habla de las iglesias en este mismo sentido.

¿Quiere esto decir que no podemos hablar de la Iglesia como de algo más amplio? Claro que no. Pero primero es necesario situar el término en su justo lugar, para irnos entendiendo. Pablo también usa la palabra 'Iglesia' para designar al conjunto de todos los creyentes, independientemente de su asamblea local o parroquia, en un sentido general mucho más amplio. Nos recuerda que él fue «el más pequeño de los apóstoles», y que no era «digno de ser llamado apóstol», porque persiguió «a la Iglesia de Dios» (1 Cor 15:9). Su Carta a los Efesios está llena de alusiones a la Iglesia en este sentido amplio. Escribe, por ejemplo, que «Cristo es cabeza de la Iglesia, la cual es su cuerpo, y Él es su Salvador» (Ef 5:23). Si la Iglesia es el cuerpo de Cristo —evidentemente es una metáfora— y un cuerpo normal solo puede tener una cabeza, esta cabeza es Cristo. Porque la Iglesia es sobre todo un ente espiritual, un organismo vivo según la vida que le infunde quien la sustenta y la mueve. Clemente de Alejandría dice: «No es el lugar, sino las asambleas de los elegidos a las que llamo Iglesia».[1]

La Iglesia apostólica

Haciendo un poco de historia, las Iglesias del libro de los Hechos, todas aquellas constituidas mientras los apóstoles vivie-

---

[1] Citado en *A Dictionary of Early Christian Beliefs*, p. 147.

ron (lo que las circunscribe al siglo primero de nuestra era) constituyen juntas lo que se ha venido a llamar la *Iglesia apostólica*.

La Iglesia católica

A partir de la segunda generación la Iglesia, expandida ya por una buena parte del mundo grecorromano, recibirá el nombre de *Iglesia católica* o *universal*, según denominación que le da Ignacio de Antioquía, y que no hace referencia a una organización, sino a la universalidad de la fe extendida por todas partes y, algo más tarde, a su ortodoxia o pureza de doctrina. Una Iglesia universal que no tenía una sede específica ni más cabeza que Cristo mismo, aunque las «Iglesias madre» que habían fundado otras Iglesias comenzaron a cobrar relevancia: son las llamadas 'sedes metropolitanas' o 'patriarcados', como Jerusalén, Antioquía, Roma, Alejandría y, más tarde, también Constantinopla. Esta Iglesia católica producirá figuras importantísimas para la historia: los apologistas o defensores de la fe, como Justino, Atanasio, Tertuliano, Ambrosio, Agustín... La fe sencilla y vivencial de los primeros cristianos tuvo que desarrollarse y sistematizarse ante la fuerza de la oposición del exterior y de los peligros del error y la división desde dentro, dando paso al desarrollo teológico. Es la era de los Padres de la Iglesia, dividida a su vez en dos etapas: una primera, hasta el Edicto de Milán, en el 312 d. C., cuando se concede libertad religiosa significando el fin de la persecución, o hasta el Concilio de Nicea en el 325, ambos eventos protagonizados por el emperador Constantino. La segunda etapa comienza a partir de ahí, hasta el siglo V, finalizando con Agustín de Hipona, el mayor de los teólogos de esa época y que abrirá muchas de las vías por las que transcurrirá el devenir de la Iglesia occidental.

El periodista británico católico, Paul Johnson, lo resume así en su *Historia del cristianismo*:

El cristianismo estaba cambiando para salir al encuentro de la opinión pública. Durante el siglo ii la Iglesia había incorporado los elementos de la organización eclesiástica; en el iii creó una estructura intelectual y filosófica, y en el iv, sobre todo durante la segunda mitad del siglo, definió una dramática e impresionante personalidad pública: comenzó a pensar y a actuar como una iglesia oficial.[2]

Al mismo tiempo, de forma paulatina, debido a tensiones de diverso carácter, la cristiandad se va polarizando cada vez con más fuerza, siguiendo la inercia del propio Imperio romano: Oriente, por un lado —las Iglesias de lengua y cultura griega—, Occidente, por otro, con su lengua y cultura latinas. Distintas formas de hablar y, por tanto, de pensar. Distintas realidades políticas condicionadas en buena parte por la propia distancia geográfica. Distintas sensibilidades, como se dice ahora. De Oriente saldrían los grandes heresiarcas. Roma sería, con excepciones, el paradigma de la ortodoxia doctrinal, y también heredera y sustituta del orden y de la autoridad imperial en la vieja capital del Imperio. Sus obispos ocuparían el vacío dejado por la autoridad civil y organizarían la vida de la comunidad llegando a plantar cara a los bárbaros, contribuyendo con ello a un prestigio y respeto reconocido por toda la cristiandad, sumado al propio de haber sido el lugar de martirio de los santos Pedro y Pablo, como afirmaba la tradición. El tiempo iría dando forma a una pretensión que después adquiriría fuerza de ley: el primado de la sede romana por encima de las otras sedes y la de su obispo sobre los demás obispos; el *primus inter pares* se convertiría en *pontifex maximus* y alcanzaría su cima con el papado absoluto a la vez que rompía la unidad católica de la Iglesia en el conocido como cisma de Oriente.

---

[2] JOHNSON, Paul: *Historia del cristianismo*; Barcelona: Vergara, 2004; p. 139.

La Iglesia medieval

El apoyo de la autoridad imperial sería como el abrazo del oso: ahogaría la espiritualidad evangélica y corrompería en gran manera la Iglesia. Al hacer oficial el cristianismo como religión del Estado,[3] el Imperio entró en la Iglesia y el Espíritu salió de ella. No obstante, no todo sería negro. Muchos intentarían en la medida de sus posibilidades y sus propias luces luchar contra esta corriente. Es así que surgirá el movimiento monástico, inicialmente un intento de apartarse del mundo en forma individual —los anacoretas— con sus luces y sus sombras, y que más tarde cuajó en la fundación de comunidades o monasterios, siendo el primero el fundado por san Pacomio, con sus votos de castidad, pobreza y obediencia, además del tiempo dedicado a la oración, el trabajo, la penitencia y el silencio. Independientemente de diversas valoraciones espirituales que se pueden hacer, los monasterios fueron en la Edad Media un instrumento de cultura, y hay que reconocerles un papel muy importante en la formación de Europa. Más tarde, ante el fracaso de estos movimientos por mejorar la vida espiritual de la Iglesia y de sus fieles, surgiría la sed y el anhelo de reforma por parte de las mentes y conciencias más lúcidas.

Los concilios

Ante los conflictos creados por las herejías y las tensiones cismáticas, las Iglesias y sus representantes, los obispos, presbí-

---

[3] El emperador Teodosio I promulgó en el 380 un edicto en Tesalónica imponiendo a sus súbditos el seguir «la religión dada a los romanos por el divino apóstol Pedro». A este edicto siguieron otros cada vez más severos prohibiendo los sacrificios a los ídolos y concluyendo con un decreto en el 392, promulgado en Constantinopla, haciendo ilegal cualquier práctica de culto no cristiano. A esto siguió el uso de las armas. La libertad religiosa había muerto.

teros y diáconos[4] se reúnen para tratar de fijar la postura oficial de la Iglesia en los asuntos que le son propios, definir la doctrina, y administrar la disciplina necesaria. Hubo concilios o sínodos de ámbito local, regional o nacional, pero algunos, por su amplitud de convocatoria y de asistencia, y por su relevancia, serán llamados *ecuménicos*, porque competen y comprometen a la cristiandad entera. Los así reconocidos por todos los cristianos —y por tal razón solo ellos pueden reclamar el título de ecuménicos— son siete. La Iglesia católica romana reconoce hasta veinte, incluyendo los celebrados desde la ruptura con Oriente, pero que por tal razón solo pueden ser considerados como concilios romanos y no ecuménicos. Estos siete concilios son:

— Nicea (325);
— Constantinopla (381);
— Éfeso (431);
— Calcedonia (451);
— Constantinopla II (553);
— Constantinopla III (680-681);
— Nicea II (787).

La autoridad máxima dentro del cristianismo recaerá en esa época sobre los concilios: todo el pueblo de Dios representado por medio de sus obispos y presbíteros. Estos concilios fueron convocados por el propio emperador de turno, que también sancionaba e imponía sus resoluciones. Para esos, entonces, Iglesia y Estado ya caminaban enredados.

---

[4] Estos ministerios o funciones definidos en el Nuevo Testamento no adquieren un carácter jerárquico hasta el siglo II. A partir de ahí, debido a la necesidad de estructuración de las comunidades cristianas, se constituyen en el orden jerárquico generalizado. *Obispo* es quien preside una comunidad que puede a su vez haber creado otras, siendo ese territorio operacional su diócesis. Los *presbíteros* son los ministros que pastorean con él las diversas comunidades o *parroquias*, sometidos a su autoridad. Los *diáconos* ejercen otras funciones múltiples bajo la autoridad de los presbíteros.

La cristiandad dividida

Ya se ha dicho antes que la Iglesia tuvo que defenderse de los ataques del exterior y también de los de dentro, entre los que estaba la tensión cismática. Conocidos son los cismas provocados por montanistas, donatistas y novacianos. Ninguno de estos movimientos se puede considerar herético por sus doctrinas. El problema que presentaban para la Iglesia era el de la ruptura de la unidad. El origen de estos movimientos está en una búsqueda, quizá exagerada, de mantener o recuperar una espiritualidad que se iba perdiendo. Los montanistas —los pentecostales o carismáticos de su época— se negaban a asumir el cese de los carismas o dones espirituales a la vez que exigían un mayor rigor moral y ético en la Iglesia, y exigían la recuperación de su carácter escatológico, perdido al asentarse en la normalidad de la vida mundana. Los donatistas y novacianos se negaban a admitir de nuevo a la comunión de los hermanos a cuantos habían negado la fe en el tiempo de persecución y que ahora, una vez establecida la paz, querían reintegrarse a la fe y a la vida congregacional. Fueron movimientos rigoristas, extremistas, que causaron controversias y rupturas dolorosas en la comunidad cristiana. Pero fueron rupturas localizadas y que con el tiempo se difuminaron sin mayor trascendencia que el testimonio de la Historia. Tertuliano se sumó al montanismo. Agustín de Hipona disputó especialmente contra los donatistas.

La gran ruptura se produjo entre los dos grandes bloques existentes: Oriente y Occidente. Fue una ruptura anunciada, nada que no se pudiera prever. La polarización de la que hemos hablado alcanzó un punto álgido en el siglo IX con el conflicto suscitado por la deposición del patriarca de Constantinopla, Ignacio, y su sustitución por Focio. Muchos se opusieron a esta maniobra y solicitaron la intervención del obispo de Roma, lo cual produjo como reacción que Focio, gran erudito, escribiera duramente atacando la doctrina del *filioque*[5] y atacando las pretensiones romanas de supremacía y dominio. El conflicto acabó resolviéndose, pero contribuyó al ahondamiento de la distancia entre ambos mundos. La ruptura definitiva se produciría el 16 de julio de 1054, cuando el legado papal, Humberto, ponía sobre el altar mayor de Santa Sofía la sentencia excomulgatoria contra Miguel Cerulario, su patriarca, acusándole de cosas absurdas y extremas. Todo había comenzado con una disputa sobre si el pan de la Santa Cena debía ser ázimo o no y, por supuesto, la pretensión del delegado papal de imponer las tesis de la supremacía universal del obispo de Roma, es decir, del papa.

Fin de la Iglesia católica

De ahí surgieron dos grandes ramas: la Ortodoxa y la Romana. Podemos afirmar que con este cisma desaparece la Iglesia católica, la que abarcaba a toda la cristiandad, y nacen los dos grandes bloques que coexistirían durante el resto de la Edad Media hasta el Renacimiento: las Iglesias ortodoxas, partidarias de la llamada *pentarquía*,[6] y la Iglesia de Roma, que se abrogaría a partir de ahí el sobrenombre de 'católica', aunque en realidad había dejado de serlo, y que exigía el sometimiento de toda potestad, religiosa o civil, incluido el emperador, entendiendo que el papa solo debía dar cuentas ante Dios.[7]

---

[5] Expresión latina referida al Espíritu Santo que significa «y del Hijo», que los occidentales introdujeron en el Credo para hacer valer que el Espíritu procede tanto del Padre como del Hijo.

[6] O gobierno de las cinco sedes: Jerusalén, Antioquía, Alejandría, Constantinopla y Roma.

[7] Para entender hasta qué punto llegaban las pretensiones papales, basta leer los *Dictatus Papæ* de Gregorio VII.

Podemos decir que, contra toda pretensión en contrario, la Iglesia católica romana como tal existe desde 1054, por defunción de la Iglesia católica a manos de dos bandos enrocados en sus posiciones inamovibles, edificadas a lo largo de los siglos. Los intentos posteriores de entendimiento nunca alcanzaron el éxito. A la Iglesia de Roma no le negaremos arraigo en la etapa anterior ni en los orígenes del cristianismo; ni a la otra parte, como tampoco se le podrá negar al protestantismo que vendrá después; pero es claro que lo surgido de este cisma es distinto sustancialmente de lo anterior y que ninguna de las dos partes podrá arrogarse el ser la única en tener razón ni ser la heredera de la pureza original.

Del cisma de Oriente a la Reforma protestante

La cristiandad se fracciona. Pero ¿y antes? ¿No existían Iglesias diferenciadas y autónomas? Ciertamente sí, pero había una unidad espiritual. Ahora la ruptura es tanto funcional como espiritual. Cada lado seguirá por su propio camino, evolucionando de forma distinta según el transcurso de la historia. Los siglos subsiguientes estarán bien condicionados por las propias circunstancias históricas que le tocará vivir a cada una de las áreas geográficas que circunscriben a las dos partes. En Oriente, la decadencia del Imperio y la presión ejercida por la expansión islámica aislarán aún más a las Iglesias orientales de las de Occidente. En Occidente, el papado continúa su ascenso hacia la cumbre de su hegemonía política y religiosa. La decadencia espiritual y moral es notable, al punto que surgen numerosas voces reclamando reforma. Esta es la palabra que marca la época y que explosionará en ella misma: *reforma*.

Wyclif, en la Inglaterra del siglo XIV, será uno de los primeros en reclamar la regeneración del cristianismo. Aunque perseguido, murió en su casa, pero no se libró de que el Concilio de Constanza de 1415 —el mismo que condenó a Juan Huss a la hoguera— lo condenara a él también, y de que más tarde desenterraran sus cenizas para ser arrojadas al río Avon. Se le debe una traducción de las Escrituras al inglés partiendo de la Vulgata.

Surge, pues, la pregunta: ¿qué cosas necesitaban reformas en la Iglesia? Muchas, por cierto. El papado estaba en manos indignas. La jerarquía corrompida. Los cargos eclesiásticos se vendían y se compraban; no los ocupaban los más dignos, sino los más influyentes y poderosos, y con propósitos de enriquecerse y ejercer el poder mundano. El clero era inculto, supersticioso como el pueblo a que decían servir, muchas veces inmoral, etcétera. La decadencia era general; el alejamiento de la doctrina de Jesucristo, evidente; lo que no impedía que hubiera quienes, alarmados y apesadumbrados por este estado de cosas, intentaran buscar soluciones a tan deplorable estado. El drama fue que, la mayor parte de las veces, quienes buscaban tal regeneración acabaron en la hoguera, como sucedió con Juan Huss, en Bohemia (actual Chequia); o Girolamo Savonarola, en Florencia, Italia. Ambos, junto con otros, fueron precursores de la Reforma protestante que vendría después.

Reforma y Contrarreforma

El 31 de octubre de 1517, Martín Lutero coloca sus 95 tesis en la puerta de la catedral de Wittemberg. Los hechos que desencadena y se suceden a partir de ahí forman parte de lo que se vino a llamar *la Reforma protestante*. Nunca su intención fue provocar una nueva ruptura de la Iglesia, en este caso, de la fracción occidental; pero como se sucedieron las cosas, eso es exactamente lo que se produjo. Su pretensión fue que se reconocieran los abusos que se cometían con el fin de ser corregidos —en particular, la escandalosa venta de indulgencias que esquilmaba a las almas incautas para recaudar fondos con los que concluir las obras de la basílica del Vaticano—, y que se iniciase un proceso de restauración de las doctrinas bíblicas originales abandonando prácticas que no tenían ningún fundamento bíblico. El resultado fue su excomunión y la de sus compañeros. Otros, en distintos lugares, también se sumaron de forma simultánea e independiente a este movimiento reformista. No fue tan solo un movimiento teológico o moral, sino que cuestiones políticas y sociales también formaron parte del todo en una mezcla explosiva que produjo una sacudida histórica de primer orden en el mundo occidental. Todo fue diferente a partir de aquí. El Renacimiento había traído aires imparables de renovación en las ideas, en las artes, en las ciencias y, cómo no, en la religión. El estudio de las lenguas clásicas llevó al interés por las Escrituras; las traducciones en lenguaje común y los estudios bíblicos llevaron a redescubrir el contenido de las enseñanzas bíblicas, escamoteadas durante siglos y manipuladas por la jerarquía eclesiástica. Los reformadores descubrieron que la salvación no se obtiene mediante el pago de indulgencias, ni por esfuerzos humanos o penitencias; que no es el producto de los méritos obtenidos por nuestras buenas obras que nunca podrían lograrlo, sino por los méritos de valor suficiente y eterno de la obra expiatoria de Jesucristo en la cruz, y de los cuales uno se beneficia por fe, es decir, depositando su confianza en la gracia de Dios y no en los méritos propios, que son absolutamente insuficientes y, además, no pueden pagar la deuda de nuestro propio pecado. La Iglesia obtenía inmensos beneficios de una enseñanza contraria, atizada por el miedo al infierno inculcado en las conciencias.

Tenemos a partir de aquí a la cristiandad partida en tres grandes bloques: la oriental u ortodoxa; el sur, católico; el norte, protestante. En el continente americano, el norte sería protestante y el sur, colonizado por España y Portugal, católico.

Son ciertamente divisiones simples, pero que se corresponden bastante bien con la realidad. La historia es más compleja, pero este no es un tratado de historia, sino una obra que pretende afrontar los problemas con el fin de establecer bases para un cristianismo genuino y verdadero que supere estas divisiones típicas, al menos en el corazón de cada creyente. La suerte institucional ya está echada y será difícil cambiarla; pero las actitudes individuales sí que pueden ser cambiadas por la obra del Espíritu Santo, el verdadero promotor de la unidad. Posteriormente, las divisiones en los territorios asiáticos y africanos tendrían que ver con las acciones misioneras de estas tres ramas cristianas. Hoy, el flujo migratorio y la ósmosis en el campo de las ideas, transmitidas con facilidad por los medios de comunicación y tecnológicos modernos, hacen que, manteniendo un reparto aún parecido al dibujado anteriormente, las líneas de separación se vayan difuminando y hasta estén cambiando, como sucede en América Latina, anteriormente claramente católica y ahora con movimientos evangélicos potentes que están cambiando el signo de la identidad religiosa en forma muy seria, con gran alarma para los afectados, es decir, la Iglesia católica romana, que ya ha perdido porcentajes muy elevados de feligresía en países tan señalados como Brasil, Chile, Guatemala, etcétera, debido de manera especial al crecimiento vertiginoso de las misiones pentecostales y carismáticas.

Ante las nuevas circunstancias, la Iglesia de Roma emprenderá su propia reforma que, ciertamente, se había iniciado antes, pero que a partir de ese hito histórico cobrará mayor fuerza. Los historiadores llamarán a este esfuerzo la *Contrarreforma*. Su mayor exponente es el Concilio de Trento, y su más claro ejecutor, la Compañía de Jesús. El concilio, originalmente iniciado para conseguir la reunificación de católicos y luteranos u otros reformados, en realidad se convierte en una reacción radical contra ellos. Se inició en 1545 y concluyó en 1563. Los protestantes fueron invitados a participar en el concilio, aunque sin derecho a voto, pero, por razones obvias, no acudieron al llamamiento. El concilio sufrió varias interrupciones, y varios fueron los papas que los presidieron. Al fin, concluyó sus tareas cerrando sus sesiones el 4 de diciembre de 1563, dotando a la Iglesia católica romana de un instrumento poderoso para su lucha contra el protestantismo. Sus conclusiones estarían vigentes en adelante, habiendo clarificado la doctrina dispersa y estableciendo normas y reglas para reformar la situación del clero. A partir de Trento, las posiciones teológicas de la Iglesia de Roma resultarán prácticamente inamovibles, y mucho más tras la proclamación del dogma de la infalibilidad papal por el Concilio Vaticano I, en 1870.

Por su parte, los protestantes, divididos desde el principio según sus dirigentes: seguidores de Lutero o luteranos; seguidores de Zuinglio, o Calvino, o reformados; la Iglesia de Inglaterra o anglicanos, con estructura y sistema eclesiástico episcopal, similar al de Roma, pero teológicamente alineada con la confesión reformada; seguidores de la reforma radical, anabaptistas, etcétera. Con todo, formando un bloque que se llamó *protestante* debido a la protesta que los príncipes y ciudades alemanes seguidores de la Reforma elevaron ante el emperador en la Dieta de Espira, en 1529, por las conclusiones de la dieta absolutamente discriminatorias contra ellos.

Al principio, el protestantismo resaltó las cuestiones teológicas —la ortodoxia protestante— por encima de otros valores. Andando el tiempo surgiría un movimiento llamado *pietista*, que reclamaría una mayor atención a la vida espiritual, lo que llevaría a la eclosión de los llamados *avivamientos*, especialmente el producido en América en 1734, conocido como *The Great Awakening*, de gran repercusión en todo el mundo protestante. Surgirían así los movimientos metodistas y bautistas y, ya en el siglo XIX y principios del XX, diversos movimientos de carácter restauracionista y el movimiento pentecostal. Además de la forma episcopal y presbiteriana de gobierno de la Iglesia, surgen formas más democráticas, llamadas *congregacionalistas*, porque son las propias congregaciones quienes se rigen a sí mismas y no una clase clerical.

El ecumenismo

¿Qué es el ecumenismo? ¿Qué significa y qué papel juega hoy en el difícil equilibrio entre las diferentes confesiones cristianas?

El nombre proviene del vocablo griego *oikoumene*, que designa a toda la tierra habitable. Es una palabra que aparece quince veces en el Nuevo Testamento y que en el siglo XX y en el actual tienen un significado particular, pues se le aplica a un movimiento que intenta recuperar la catolicidad perdida de la Iglesia sin conseguirlo.

La verdad es que el término no significa lo mismo para todos los cristianos. La Iglesia de Roma mantiene la postura de la supremacía y la exclusividad: 'ecumenismo' es que todos regresen al hogar materno de donde salieron equivocadamente, para someterse a la autoridad del sumo pontífice en el seno de la santa madre Iglesia, fuera de la cual no hay salvación. Decir esto no significa que la Iglesia de Roma no haya hecho esfuerzos a favor del ecumenismo, aunque siempre con esta directriz. El Concilio Vaticano II, iniciado por el papa Juan XXIII y concluido por Pablo VI, desempeñó un papel importante en este terreno. La Iglesia de Roma encaró un proceso de cambio, un necesario *aggiornamento* o puesta al día, en un mundo moderno más abierto. Se reformó la liturgia, se revalorizó el papel de las Escrituras y se emprendió un largo camino de diálogo con los que antes habían sido herejes y que, a partir del citado concilio serían considerados con el cariñoso apelativo de *hermanos separados*. El término caería en desuso en cuanto que

Juan Pablo II ocupó la silla pontificia. A partir de ahí, la mayoría de los grupos protestantes evangélicos serían sencillamente sectas e incluso sectas peligrosas. La razón está en el avance que las susodichas «sectas» experimentan en muchos países del mundo en detrimento del catolicismo secular.

El problema no está en la palabra en sí, pues de hecho, toda parte de un todo, si tomamos el sentido etimológico de la palabra, es una secta. Lo es la Iglesia católica romana; lo son las Iglesias ortodoxas, y lo son las Iglesias protestantes respecto del cristianismo. Pero, en pleno siglo XX, la palabra 'secta' está cargada de un sentido peyorativo que no se puede aplicar a ninguno de estos grandes grupos. Otra cosa son los comportamientos sectarios repartidos muy equitativamente a nuestro alrededor, y no tan solo en los movimientos de carácter religioso. Los partidos políticos son sectas, y lo son los sindicatos, y algunas empresas y corporaciones de carácter económico o financiero.

Volviendo al ecumenismo cristiano, en el caso de las Iglesias protestantes y ortodoxas, se trata de abrir vías de diálogo y contacto, con el objetivo de conocerse mejor y establecer proyectos para ir limando asperezas y lograr un entendimiento para lograr una unidad, si no orgánica, sí en espíritu, aunque visible. Como resultado de estos esfuerzos se constituyó el Consejo Mundial de Iglesias que define así el concepto:

> El término 'ecuménico' abarca la búsqueda de unidad cristiana visible, llevada a efecto en el estudio bíblico, en el testimonio común y en la tarea mundial de la misión y el evangelismo, así como en la *diakonía*[8] y en la promoción de la justicia y la paz.[9]

---

[8] Se entiende por *diaconía* —del griego *diakonos*, 'servidor'— la labor social de la Iglesia, como servicio a la comunidad.

[9] <http://www.oikoumene.org/es/documentacion/documents/comite-central-del-cmi/ginebra-2005/informes-y-documentos/gen-11-final-statement-from-the-consultationecumenism-in-the-21st-century.html>. Traducido del inglés.

El movimiento ha sido muy denostado en muchos círculos internos de las Iglesias, siendo acusado de estar politizado y muy inclinado ideológicamente hacia la izquierda e incluso de favorecer el terrorismo. Sin entrar en juicios de valor sobre estos extremos, hoy los contactos ecuménicos son una realidad que han logrado algunos avances en algunas áreas, pero que no han conseguido eliminar las divisiones en el seno del cristianismo en general. Me pregunto si un jarrón o una vasija rota pueden recomponerse alguna vez del todo. Aunque se recompongan y se peguen sus fragmentos, nunca volverá a ser un jarrón nuevo igual que el inicial. Siempre quedarán las grietas. Lo que sí se puede recomponer es el alma, su interior, su contenido. El mundo cristiano puede ser un mosaico, pero transmitir una imagen única y contener un único Espíritu. Pero hay tanto por hacer en este campo... Hay tanto que «dejar de hacer», tantas barreras que derribar, tantas heridas que restañar, y tanta soberbia que vencer... Parece un imposible, así como son imposibles los milagros. Es posible que a nivel institucional esto sea aún más difícil, pero podemos ir avanzando en el terreno individual y personal, desarrollando pautas de respeto, echando de nosotros conceptos y comportamientos sectarios, manifestando el amor que los hijos de Dios deben ejercer como fruto del Espíritu, si es que han nacido a la «nueva vida en Cristo», que supera la mera religiosidad y que es producto de una conversión genuina. El cristianismo exige de quienes se identifican con él que vivan una verdadera transformación de vida, lo que solo es posible experimentando el poder de Dios. La exhortación de Pablo a los Efesios es clara:

No ahorréis esfuerzos para consolidar, con ataduras de paz, la unidad, que es fruto del Espíritu. Uno solo es el cuerpo y uno solo el Espíritu, como una es la esperanza a la que habéis sido llamados. Solo hay un Señor, solo una fe, solo un bautismo. Solo un Dios, que es Padre de todos, que todo lo domina, por medio de todos actúa y en todos vive. (Ef 4:3-6 lp).

La exhortación es absolutamente bíblica y, por tanto, ineludible. El problema está en cómo nos la aplicamos; con quién sí y con quién no. Y no es tan sencillo. Para algunos lo importante es la unidad orgánica en una única superorganización gobernada por un jefe supremo al que todos deben obediencia. Eso realmente no es unidad. La unidad no puede ser formal, ni es necesaria así. La unidad de que nos hablan las Escrituras es unidad «fruto del Espíritu», y eso solo lo puede producir Dios mismo. Para conseguir esa unidad, es absolutamente imprescindible estar «unidos» a la fuente de la vida, y esa fuente solo es Cristo, que dijo:

> Yo soy la vid; vosotros, los sarmientos. El que permanece unido a mí, como yo estoy unido a él, produce mucho fruto, porque separados de mí nada podéis hacer. (Jn 15:5 lp).

Eso significa que, para que pueda existir unidad, primero ha de haber vida, vida de Dios. La unidad solo es posible entre los verdaderos hijos de Dios. Por eso, la unificación de las organizaciones en una sola no es ni necesaria ni, posiblemente, deseable. Estas existen con otros propósitos. Lo ineludible es la unidad espiritual de los hijos de Dios sobre bases bíblicas, y ahí es donde está el gran problema. Hay que llegar al acuerdo de definir lo esencial al cristianismo, lo secundario y lo ajeno, para hacer valer la frase famosa de Agustín de Hipona: «*In necesariis unitas, in dubiis libertas, in omnibus caritas*» («En lo esencial, unidad; en lo dudoso, libertad; en todo, caridad»). Hay que abandonar el dogmatismo, los dogmas humanos, y quedarnos con las verdades bíblicas más sencillas y desprovistas de adiciones extrañas. Hay que abandonar las pretensiones de dominio sobre los demás y asumir con humildad el lugar que le corresponde a cada cual, dentro de un orden más natural. Hay que olvidar agravios, pedir perdón y perdonar.

Pero… ¡cuánto trabajo cuesta hacer borrón y cuenta nueva!

CAPÍTULO 4

El concepto de salvación

En primer lugar, para poder tener un concepto de lo que es la salvación hay que tenerlo de aquello de lo que uno es salvado. El cristianismo, como heredero del judaísmo, deja claro que el ser humano, creado hombre y mujer a la imagen y semejanza de Dios, por causa del pecado está enemistado con Dios y, en consecuencia, condenado eternamente. Igualmente será necesario explicar en qué consiste esta condenación, pues a muchos esto les sugiere escenas dantescas o bosquianas, impregnadas de las expresiones artísticas típicas de la Edad Media y del Renacimiento. Aquí vamos a hacer referencia al aspecto central de lo que es esa condenación: el alejamiento perpetuo y definitivo de Dios. Subproductos de esta caída son la perdida en buena medida de esa imagen divina —de ahí la maldad humana— y otros derivados, entre los que se cuentan la frustración de trabajar y que se nos niegue el fruto justo de nuestro trabajo; la opresión, y de manera particular la de la mujer por el varón. No es culpa de Dios que esas cosas sean así, pues, en contra de lo que muchos creen, no fue Él quien las impuso como castigo, sino que son el fruto natural de las nuevas circunstancias: el hombre alejado de Dios. Dios solo estaba anunciándoles lo que se les venía encima.

'Pecado' es un término de índole teológica. Es la *hamartia* griega, el errar el blanco, la falla humana para conformarse al plan divino, siendo este el ideal, lo mejor para conseguir la felicidad del ser humano. Hoy, la idea de pecado para muchos es motivo de burla, algo despectivamente catalogado dentro de la moral judeo-cristiana, lo que podemos considerar normal en un mundo que ha desechado a Dios para establecer al hombre como supremo ser del universo; este ser humano capaz de haber producido Auschwitz, Hiroshima, Camboya, etcétera, y de cerrar las puertas de la vida cada año a millones de criaturas incapaces de defenderse, y que asiste igualmente impávido a la aniquilación de millones de personas por falta de recursos, recursos que por otra parte se vierten por miles de toneladas a los basureros del mundo «desarrollado». Pero claro, si no hay Dios, el pecado no existe, pues este hace necesariamente referencia a Dios, y la ética del mundo hace referencia al hombre como tal. No entiendo cómo un ser, producto, según muchos, de la química y el azar puede generar principios o comportamientos éticos, pero es lo que se pretende. Si todo es producto de la química, de reacciones entre sustancias que se transforman, no hay ética posible, pues los fenómenos químicos no tienen carácter moral, ni pueden tenerlo. En realidad, el ateísmo, bien apoyado modernamente en el darwinismo —que no es lo mismo que evolucionismo— es una religión. Una religión sin Dios, o al menos sin un Dios personal, creador de todo cuanto existe y fuente de todo bien.

Volviendo a la palabra 'pecado', podemos, pues, salirnos del vocabulario teológico y abandonar una palabra tan incómoda, pero seguiremos enfrentándonos a un mundo lleno de mentira, corrupción, violencia, abusos e injusticias de todo tipo. No lo llames pecado, si no quieres; hazlo por su otro nombre más específico: *la maldad*. Nadie pone en duda de que tales taras humanas existen y necesitan solución para no acabar con el ser humano y su felicidad posible. La palabra 'corrupción' aparece todos los días en la prensa sin parecer escandalizar a nadie. Es un término jurídico, o quizá más bien político.

La condenación, si dejamos de lado imágenes originadas en las mitologías antiguas y en la febril imaginación medieval, significa, sobre todo, como ya hemos dicho, la ausencia eterna de Dios; el fuego de la desesperación absoluta. Y en esta vida, la degeneración de la naturaleza humana a niveles insospechados, aunque a estas alturas de la historia ya nos hayamos percatado de algo. Necesitamos quien nos libere y nos salve del fatal «*homo, homini, lupus*»[1] transformándonos en seres benefactores los unos para los otros, algo que aún no ha logrado ni la filosofía, ni la ciencia, ni el llamado progreso. Se responderá a esto que tampoco la religión lo ha conseguido. El Evangelio de Jesucristo se ocupa de la persona y es eficaz en forma individual. Y cuando muchos individuos son transformados, la sociedad en la que viven también será transformada. Nadie puede negar, a pesar de las desviaciones y de los errores, que el cristianismo transformó la barbarie de su época y nos ha permitido llegar a los avances de hoy: democracia, libertad, progreso científico, social y económico... No reconocerlo es estar ciego. La filosofía de Nietzsche y el darwinismo demográfico están detrás de una de las mayores monstruosidades de la historia: el nazismo. Otros genocidios vividos recientemente han nacido del tribalismo y del nacionalismo exaltado y excluyente, atizado por dirigentes políticos fanatizados. Demasiadas veces la religión

---

[1] Conocida expresión filosófica popularizada por Hobbes en su obra *Leviatán* (s. XVII), extraída de Plauto y que significa «el hombre es un lobo para el hombre».

no es sino la tapadera de intereses bastante más mezquinos, pero no menos verdad es que la política también lo es, así como otros sentimientos supuestamente legítimos y absolutamente populares. Con todo, el mensaje de Jesucristo sigue vigente hoy en día, la liberación es posible.

La salvación cristiana es mucho más que ir al cielo. De por sí, el concepto bíblico es holístico, abarca a todo el ser. Salvación es liberación del mal y de sus consecuencias. Salvación es transformación, superación de las taras propias de la maldad humana y sus efectos negativos; es sanidad para el espíritu, para el alma y para el cuerpo. Salvación es esperanza, paz interior y a nuestro alrededor; reconciliación con Dios, con nuestros semejantes y hasta con nosotros mismos. Es vida eterna, no solo para después de esta vida, sino aquí y ahora.

La palabra 'salvación' es un vocablo de carácter igualmente teológico, aunque no exclusivamente. A determinados príncipes de la Antigüedad se les asignó el sobrenombre de *Soter*, 'Salvador', como libertadores de su pueblo. En el Evangelio de Mateo, el ángel pide a José que reciba a María, con quien estaba desposada, pues el hijo que llevaba en su vientre no era fruto del engaño y la traición, sino la obra del Espíritu Santo; y le dice, «le pondrás por nombre Jesús, porque Él salvará a su pueblo de sus pecados» (Mt 1:21 lp). El nombre 'Jesús', en hebreo significa «Yahvé salva». A continuación declara Mateo que aquello sucedería para dar cumplimiento a una profecía de Isaías, en el Antiguo Testamento, que decía: «una virgen quedará embarazada, y dará a luz un hijo, a quien llamarán Emmanuel». Añade para los lectores de habla griega el significado de tal nombre hebreo: «Dios con nosotros» (Mt 1:22-23 lp). Es decir, que Jesús —Emmanuel— es la acción de Dios para acercarse a su creación y, de forma especial, al ser humano, con el objetivo de restaurar el orden perdido por causa del pecado. Jesús es llamado *Soter*, 'Salvador'. En su discurso a los judíos de la sinagoga de Antioquía de Pisidia, hoy Turquía, san Pablo les dijo, refiriéndose a Jesús:

> … gracias a Él se os anuncia hoy el perdón de pecados. Por la Ley de Moisés no teníais posibilidad alguna de recuperar la amistad divina; pero ahora, todo el que cree en Él puede recuperar esa amistad. (Hch 13:38-39 lp).

La salvación también significa recuperar la amistad con Dios, lo que en otras traducciones con lenguaje más teológico se llama *justificación*. Cumpliendo la Ley de Moisés, era imposible hacerlo, porque «por el mero cumplimiento de la Ley, nadie será restablecido por Dios en su amistad» (Ga 2:16 lp). Y todo esto nos lleva al gran debate aún hoy vigente entre las distintas maneras de entender el cristianismo: ¿salvados por la fe o salvados por las obras?, ¿por gracia o por el propio esfuerzo?

No es el propósito de este trabajo entrar en las profundidades teológicas del tema, pero no podemos soslayar el tratar el asunto, aunque tan solo sea superficialmente.

Recientemente, leyendo un trabajo sobre Jesús de Nazaret, leía el siguiente comentario a la parábola del fariseo y del publicano:

> El fariseo se jacta de sus muchas virtudes; le habla a Dios tan solo de sí mismo y, al alabarse a sí mismo, cree alabar a Dios. El publicano conoce sus pecados, sabe que no puede vanagloriarse ante Dios y, consciente de su culpa, pide gracia. ¿Significa esto que uno representa el *ethos* y otro la gracia sin el *ethos* o contra el *ethos*? En realidad no se trata de la cuestión *ethos* sí o *ethos* no, sino de dos modos de situarse ante Dios y ante sí mismo. Uno, en el fondo, ni siquiera mira a Dios, sino solo a sí mismo; realmente no necesita a Dios, porque lo hace todo bien por sí mismo. No hay ninguna relación real con Dios, que a fin de cuentas resulta superfluo; basta con las propias obras.

Aquel hombre se justifica por sí solo. El otro, en cambio, se ve en relación con Dios. Ha puesto su mirada en Dios y, con ello, se le abre la mirada hacia sí mismo. Sabe que tiene necesidad de Dios y que ha de vivir de su bondad, la cual no puede alcanzar por sí solo ni darla por descontada. Sabe que necesita misericordia, y así aprenderá de la misericordia de Dios a ser él mismo misericordioso y, por tanto, semejante a Dios. Él vive gracias a la relación con Dios, de ser agradecido con el don de Dios; siempre necesitará el don de la bondad, del perdón, pero también aprenderá con ello a transmitirlo a los demás. La gracia que implora no le exime del *ethos*. Solo ella le capacita para hacer realmente el bien. Necesita a Dios, y como lo reconoce, gracias a la bondad de Dios comienza él mismo a ser bueno. No se niega el *ethos*, solo se le libera de la estrechez del moralismo y se le sitúa en el contexto de una relación de amor, de la relación con Dios; así el *ethos* llega a ser verdaderamente él mismo.

El *ethos* no es otra cosa que «las obras», expresado en lenguaje filosófico. El comentario es claro: el fariseo creía que Dios se agradaría de él debido a sus muchas obras buenas que hacía y de las que se jactaba. El publicano sabía que era pecador y que solo la gracia de Dios, su misericordia, le valdría delante de Él. Jesús dirá con claridad que solo el publicano salió de allí justificado, o aceptado por Dios, si se prefiere.

Podrá sorprender a muchos, pero el comentario es de Joseph Ratzinger, que todo el mundo conoce como Benedicto XVI.[2] Un poco más adelante dirá:

En el Nuevo Testamento, el concepto equivalente al de justicia en el Antiguo Testamento es el de la «fe». El creyente es el

---

[2] RATZINGER, Joseph: *Jesús de Nazaret*; Madrid: La Esfera de los Libros, 2007; tomo I, pp. 89-90.

«justo», el que sigue los caminos de Dios (cf. Sal 1; Jer 17:5-8). Pues la fe es caminar con Cristo, en el cual se cumple toda la Ley; ella nos une a la justicia de Cristo mismo.[3] [Las comillas son del autor.]

Hago esta referencia de evidente peso para el creyente católico porque, posiblemente, si la cita proviniera de un escritor protestante podría no tomarla en consideración. Pero estas palabras las ha escrito el mismísimo papa, la máxima autoridad católica. En este texto de referencia, Ratzinger nos dice que el *ethos* —el comportamiento, las obras— no son más que muestra de la autosuficiencia humana y, por tanto, son por sí mismas incapaces de agradar a Dios. El publicano obtiene gracia, perdón, porque sabe que necesita de Dios, de quien aprenderá a hacer el bien. Primero, pues, la fe, que es la verdadera justicia; después, las obras, que son el fruto de esa justicia obtenida por gracia. Ahí es donde Santiago dice muy acertadamente:

Así es la fe: si no produce obras, está muerta en su raíz... yo, por mi parte, mediante mis obras te mostraré la fe. (Stg 2:17-18 lp).

No hay conflicto entre Pablo y Santiago. La fe y las obras no se oponen ni se excluyen, sino que se siguen la una a la otra, pero en su orden: primero, la fe, que es mucho más que la mera creencia en algo, pues es activa y es entrega; en segundo lugar, una vez producida la conversión a Cristo, por el poder del Espíritu Santo, que no por la fuerza de voluntad o capacidad humana, las obras, que son el fruto natural de la salvación y del nuevo nacimiento. Sin una obra transformadora de Dios en el corazón humano, las obras que podemos producir no son de gran valor, pues en Isaías 30:22 se comparan nuestras mejores

---

[3] Ibíd.; p. 117.

obras de justicia con un «trapo de menstruo», por mucho que nuestras versiones modernas suavicen la expresión con distintos eufemismos, como «ropa inmunda», etcétera.

Solo los méritos de Cristo hacen posible nuestra salvación. Los nuestros nunca serían suficientes por estar viciados de origen, porque un árbol malo solo puede dar malos frutos, y en tanto nuestra naturaleza pecaminosa no sea regenerada, es decir, transformada por el poder de Dios, es lo único que podemos producir. Necesitamos «aprender de Dios» —usando la expresión de Ratzinger—, un aprendizaje que no es conceptual, sino funcional. Somos como un edificio en ruinas. Una mera reforma no basta, porque los fundamentos están tocados. Necesitamos ser reconstruidos de nueva planta. Dice san Pablo:

> ... en conformidad con la auténtica doctrina de Jesús, se os ha enseñado como cristianos a renunciar a la antigua conducta, a la vieja condición humana corrompida por la seducción del placer. Así que dad lugar a la renovación espiritual de vuestra mente y revestíos de la nueva criatura, creada a imagen de Dios en orden a una vida verdaderamente recta y santa. (Ef 4:21-24 lp).

El cristianismo es algo que se vive no por tradición familiar, sino por una experiencia personal de conversión, de encuentro con Dios, y eso es algo que falta en multitud de hombres y mujeres que se consideran cristianos, pero que solo lo son sociológicamente, o quizá, religiosamente. Hablaremos de ello más adelante, cuando hablemos de la conversión.

Un aspecto importante a tener en cuenta también es el papel que juega la Iglesia en la salvación, sobre todo después de que Cipriano acuñase la frase *Extra Ecclesiam nulla salus* («Fuera de la Iglesia no hay salvación»). La postura oficial de la Iglesia católica romana en estos tiempos modernos no es radical al respecto, sino que flexibiliza la expresión argumentando que muchos, aún estando formalmente fuera de la organización eclesial, debido a su conciencia y aun sin saberlo, forman parte de la *Iglesia mística*. Distinto es el tratamiento para quien, sabiendo que fuera de la Iglesia no hay salvación, se excluye de ella con pleno conocimiento. Sin menoscabo de lo que la Iglesia es y significa para el creyente, no tanto como organización, sino como cuerpo de Cristo, como organismo espiritual que vive por la vida que recibe de Cristo mismo, hemos de resaltar que el único agente de la salvación es Cristo, conforme a la palabra de Dios que dice por boca del apóstol Pedro:

> Ningún otro puede salvarnos, pues en la tierra no existe ninguna otra persona a quien Dios haya constituido autor de nuestra salvación. (Hch 4:12 lp).

Ni persona, ni institución. La Iglesia es un instrumento, un medio, y, como tal, colabora a favor del creyente, pues en ella encuentra apoyo y un marco adecuado para su desarrollo y el ejercicio de sus dones; es un instrumento del ministerio o servicio personal que cada creyente tiene que desempeñar según el propósito divino para su vida. Es evidente que, si la Iglesia es el cuerpo de Cristo y el creyente forma parte de él, cortado de ese cuerpo no hay vida, pues Cristo también dice «separados de mí nada podéis hacer» (Jn 15:5); pero eso no hace referencia a ninguna organización eclesiástica en particular, sino a la comunidad de los creyentes nacidos de nuevo, lo que la Iglesia católica romana llama la Iglesia mística, que supera a la Iglesia institucional. La vida no procede del cuerpo, sino de su cabeza, que es Cristo.

¿Y qué del cielo y del infierno? ¿Qué después de la muerte?

Los cristianos creemos en la vida después de la muerte, porque así nos lo dice Jesús, el autor de la vida; Él mismo dijo camino de la tumba de Lázaro:

Yo soy la resurrección y la vida; el que cree en mí, aunque esté muerto, vivirá. Y todo aquel que vive y cree en mí, no morirá eternamente. (Juan 11:25-26).

Después, como si de una confirmación se tratara, resucitó a Lázaro. También declaró en otra ocasión:

… llegará la hora cuando todos los que están en los sepulcros oirán su voz; y los que hicieron lo bueno saldrán a resurrección de vida; pero los que hicieron lo malo, a resurrección de condenación. (Jn 5:28-29).

Descartando, como ya se ha dicho, las imágenes mitológicas o condicionadas por interpretaciones medievales que podamos tener, la salvación implica la liberación de esa condena y la vida eterna en la presencia de Dios. Todo lo que podamos decir sobre ello se quedaría corto, pues no entra en nuestros esquemas mentales el poderlo explicar. Del infierno, que significa 'los lugares inferiores',[4] la Biblia se expresa por medio de figuras. Lo cierto es que representa la condenación eterna de los que han rechazado a Dios.

---

[4] 'Infierno' viene del latín *infernus*, y es la palabra que en la Vulgata se da al griego *Hades* y al hebreo *Sheol*, y que se aplica al mundo de los muertos, un lugar no claramente definido y que se entendía en función de las propias mitologías.

CAPÍTULO V

El culto cristiano

'Culto' es el servicio de adoración que se presta a Dios o a aquellas cosas que se adoran o se veneran, tanto adecuada como inadecuadamente. Una forma de culto típica de los déspotas, megalómanos y dictadores es el culto a la personalidad.

Las religiones monoteístas, como el judaísmo, el cristianismo o el islamismo, rinden culto al único Dios en el que creen, el mismo para las tres, aunque sus conceptos sobre Él sean bien distintos. Ocasionalmente, en la práctica, también rinden culto a otras cosas, como es el caso del cristianismo católico romano, o del ortodoxo que, además de al Creador, también rinden culto a la virgen María, a los ángeles, a los santos y a sus reliquias. Pero ese es un asunto que trataremos después.

Adorar a Dios es darle el lugar que como Creador nuestro le corresponde en nuestra vida, sea esta privada o comunitaria. El primero de los diez mandamientos es:

Yo soy el Señor tu Dios, que te sacó de Egipto, donde eras esclavo. No tengas otros dioses aparte de mí. (Ex 20:2-3).

Así es tal como nos lo proclama el libro de Éxodo, y así lo entienden los judíos, que son quienes nos lo han transmitido a los cristianos. La simple declaración de lo que Dios es para aquel pueblo constituye un mandamiento que no ofrece duda: el único Dios de Israel es Yahvé, y lo demostró sacando a los israelitas de la esclavitud de Egipto; esas fueron sus credenciales. Completa el mandato con una expresión negativa: los demás dioses estaban excluidos, porque en realidad no son dioses, sino solo el producto de las leyendas y mitos de los pueblos circundantes, expresión de sus propias bajas pasiones y costumbres abominables. En una segunda lectura más didáctica de la Ley, como es el libro de Deuteronomio, este mandamiento expresa lo que constituye la declaración fundamental de la fe judaica:

> Oye, Israel: Yahvé, nuestro Dios, Yahvé uno es. Amarás a Yahvé, tu Dios, de todo tu corazón, de toda tu alma y con todas tus fuerzas. (Dt 6:4-5).

Y así lo cita el mismo Jesús, según nos lo cuenta Mateo (Mt 22:37) cuando los dirigentes religiosos de su tiempo trataron de tenderle una trampa preguntándole sobre el mandamiento más importante de la Ley. Así es como figura hoy en nuestros decálogos de catecismo. Solo Dios es digno de ser adorado o amado como Dios, con todas nuestras capacidades y energías. No olvidemos que junto a ese mandamiento, el primero de todos, Jesús les recordó a aquellos que se creían dignos servidores de Dios que el segundo tenía que ver con el prójimo, porque es en él —nuestro próximo o semejante más cercano— en quien se refleja Dios mismo, pues como nos dice el apóstol Juan:

> … el que no ama a su hermano a quien ha visto, ¿cómo puede amar a Dios a quien no ha visto? (1 Jn 4:20).

La realidad de la fe se manifiesta en la realidad de la vida cotidiana y no tanto en la sublimidad de una devoción teórica y supuesta, exenta de vida práctica. Ahí es donde se pone de manifiesto que «la fe sin obras está muerta» (Stg 2:17).

También Jesús, hablando con la mujer samaritana, entrando en la disputa popular entre judíos y samaritanos sobre el lugar correcto de adoración, tras desechar a Jerusalén y a Samaria como centros de la vida religiosa, le dice:

La hora viene, y ahora es, cuando los verdaderos adoradores adorarán al Padre en espíritu y en verdad, porque también el Padre tales adoradores busca que lo adoren. Dios es Espíritu, y los que lo adoran, en espíritu y en verdad es necesario que lo adoren. (Jn 4:23).

Esta declaración tan trascendental de Jesús traslada el culto debido a Dios de la esfera de lo formal a la dimensión del espíritu, que es donde la vida cristiana encuentra su verdadero significado y desarrollo. No son los ritos ni la espectacularidad de las grandes ceremonias los que constituyen la verdadera adoración o culto a Dios, sino las realidades vividas en el interior del ser humano, convertido y entregado a Dios. Pablo pasa al terreno de lo práctico cuando escribe a los creyentes de Roma:

Por el amor entrañable de Dios os lo pido, hermanos: presentaos a vosotros mismos como ofrenda viva, santa y agradable a Dios. Ese debe ser vuestro auténtico culto. (Ro 12:1 1p).

El mejor culto que se rinde a Dios es la propia vida rendida a Él. Es algo que el creyente cristiano tiene que experimentar en lo más profundo de su ser.

El culto a María y a los santos

El catolicismo romano, que acepta y promueve el culto a María y a los santos, distingue este del tributado a Dios, al que califica de *latría,* que es la verdadera y única *adoración.* Con un fino recurso teológico muy propio del escolasticismo, el culto a María es llamado *hiperdulía,* y el que se debe a los santos, *dulía.* O sea, así como hay entierros de primera, segunda y tercera categoría, el más alto nivel de culto sería reservado a Dios; un servicio de segunda categoría, aunque casi de primera, sería reservado para María, y otro de tercera, inferior en todo caso, para los santos. La Iglesia católica romana niega que este servicio sea adoración, y lo define como *veneración.* No obstante, el tratamiento que la teología católica da a María, la madre de Jesús, resulta desde el punto de vista bíblico insostenible. Es el devenir histórico, una evolución lentamente desarrollada, la que llevará las cosas a donde están hoy en día.

María, madre de Dios y madre de los creyentes

María es madre de Jesús en cuanto a su naturaleza humana, pero dado que en Él subsisten las dos naturalezas, la Iglesia enseña que «María es madre de Dios» en ese sentido. En la teología católica, María es figura de la Iglesia, y se la llama también «madre de los creyentes». Pablo VI la proclamó solemnemente «madre de la Iglesia» en el Concilio Vaticano II.

La perpetua virginidad de María

Esta doctrina fue definida en el II Concilio de Constantinopla (553 d. C.), cuando la vida monástica era tenida como señal de espiritualidad, con desprecio del matrimonio. La posición catolicorromana respecto de los «hermanos de Jesús» es que son familiares cercanos (primos) o hijos de un anterior matrimonio de José.

María, corredentora

La idea surge también tempranamente con una analogía entre Eva y María (Justino e Ireneo). El término de 'corredentora' empieza a usarse a partir de León XIII. María, con sus sufrimientos, contribuyó junto a los de Cristo a nuestra redención. No obstante, ni Juan XXIII ni Pablo VI usaron el término en sus escritos oficiales.

María, mediadora universal

Alfonso María de Ligorio es el máximo defensor de esta doctrina. Benedicto XV declaró expresamente: «María (…) es la mediadora con Dios de todas las gracias», en abierta contradicción con 1 Timoteo 2:5.

La inmaculada concepción

Significa que María, al ser concebida, no fue contaminada con el pecado original, herencia de todo ser humano desde el pecado de Adán y Eva. La controversia sobre el asunto surge en la Edad Media, siendo el franciscano Duns Scoto el abanderado de la doctrina, proclamada solemnemente por Pío IX como dogma de fe el 8 de diciembre de 1854, en la bula *Ineffabilis Deus*. Los textos bíblicos en contra de tal dogma son muchos y claros (Ro 3:9-31; 5:12; Ef 2:8; Heb 4:15; 7:26).

La asunción de María

Desde los siglos VI o VII se creía que María había muerto o que había dormido y su cuerpo había sido llevado al cielo por los ángeles. Esta tradición fue proclamada por Pío XII como dogma el 1 de noviembre de 1950.

En las Iglesias ortodoxas se venera a María, pero no tienen esos dogmas que la Iglesia de Roma promulgó siglos después de la ruptura. En cuanto al protestantismo, el dicho popular de que «los protestantes no creen en la virgen» es una expresión simplista y poco rigurosa para explicar una posición teológica consecuente con las Sagradas Escrituras. A tan burda declaración se suele contestar que los protestantes creen «todo» lo que la Biblia dice sobre María, así como que no hay el menor fundamento escritural para rendirle culto, por mucho que ese culto sea distinto e inferior al que se le debe a Dios. Los protestantes rechazan las prácticas populares de devoción a María por considerarlas idolátricas y que superan con creces el respeto y la reverencia que se le debe como madre de Jesús. La declaración de María como «madre de Dios» choca porque, como debe de resultar evidente, Dios no tiene madre siendo Él el origen y causa de todo lo creado, y María, una criatura, no puede ser madre del Creador. Todo este enredo viene desde que el Concilio de Éfeso, en 431, declarase a María *theotokos* en plena controversia con los nestorianos que negaban que en Jesús convivieran las dos naturalezas, la divina y la humana. No era una declaración que tuviera por objeto concederle a María un título que la elevara de categoría, sino, en un giro propio de la teología, mostrar que Jesús, su hijo, era verdadero hombre y verdadero Dios. Lo que seguramente no imaginaban los teólogos que así definieron las cosas es que su declaración iba a servir de combustible para alimentar el desarrollo de las doctrinas mariológicas ya en marcha. A partir de ahí, el curso de los siglos haría el resto.

A casi nadie se le escapa que el culto popular a algunas de las llamadas «advocaciones» de la virgen María sustituye en muchos lugares al tributado a antiguas diosas madres propias de la zona. Incluso algunas de las imágenes tan «milagrosamente» halladas en medio de los campos por algún pastor o labrador son imágenes precristianas que corresponden a esas deidades locales, perseguidas por el cristianismo en cuanto este adquirió poder político, rescatadas y recicladas conforme a las nuevas creencias.

El cristianismo en pleno cree en la virginidad de María, en la concepción de su hijo sin intervención de varón, por obra del Espíritu Santo, tal como refiere la Biblia:

> El nacimiento de Jesucristo fue así: Estando comprometida María, su madre, con José, antes que vivieran juntos se halló que había concebido del Espíritu Santo... Pero no la conoció hasta que dio a luz a su hijo primogénito, y le puso por nombre Jesús. (Mt 1:18, 25).

Una exégesis correcta de este texto establece claramente que José y María, tras el parto, que no tuvo por qué ser extraordinario y fuera de lo natural, «vivieron juntos» y que no fue «hasta» entonces que la «conoció», siendo estas expresiones las propias para designar unas relaciones maritales normales que implicaban las relaciones sexuales, por otro lado santas dentro del matrimonio. El escritor de Hebreos declara:

> Honroso sea en todos el matrimonio y el lecho sin mancilla. (Heb 13:4).

La palabra traducida por 'lecho' es *koité*, de donde proviene la española 'coito', que es la unión sexual del hombre y la mujer. El asunto es que las relaciones sexuales dentro del matrimonio son totalmente legítimas, y no implican ninguna pérdida de santidad o de espiritualidad. Por eso se le llama «lecho sin mancilla», de una forma metonímica o eufemística. La Biblia habla de los hermanos de Jesús, o sea, de los hijos de María. Evidentemente, si se defiende la virginidad perpetua de María, antes, durante y después del parto, se hace necesario transformar esos hermanos en primos o en hijos de José de un anterior matrimonio, porque de otra manera la propia Biblia contradiría tal doctrina, y es exactamente lo que hace. Para una mujer judía no había mayor honra que ser madre de muchos hijos, y esa era la mayor de las bendiciones que podía recibir, como Rebeca la recibió de su padre, Labán: «sé madre de miles y miles» (Gn 24:60 lp). La dignidad de María no se ve menoscabada por haber tenido relaciones con su marido —lo cual sería lo normal en un matrimonio normal— ni por haber tenido hijos. El término 'primogénito' aplicado a Jesús lo hace el primero de varios, cuyos nombres aparecen en los Evangelios. El teólogo católico José Antonio Pagola, en su libro *Jesús. Aproximación histórica*, da por hecho que Jesús tuvo hermanos carnales, tal como lo atestigua el Evangelio de Marcos, y añade en nota al pie de página el siguiente comentario:

> El término *adelfós*, utilizado por el evangelista, significa normalmente «hermano» en sentido estricto, no primo o pariente. Desde un punto de vista puramente filológico e histórico, la postura más común de los expertos es que se trata de verdaderos hermanos y hermanas de Jesús. Meier, tal vez el investigador católico de mayor prestigio en estos momentos, después de un estudio exhaustivo concluye que «la opinión más probable es que los hermanos y hermanas de Jesús lo fueran realmente».[5]

El culto a las imágenes

Numerosas imágenes son veneradas con devoción, y lo mismo ocurre en las Iglesias ortodoxas con los iconos. Se elabora todo un sistema de categorías para no incurrir en transgresión de la Ley de Dios, que dice claramente que no hay que venerar

---

[5] PAGOLA, J. A.: *Jesús…*; p. 43.

imagen alguna o representación de Dios o de las cosas celestiales, ni postrarse ante ellas. En esto, el Antiguo Testamento es muy claro:

> No te harás imagen ni ninguna semejanza de lo que esté arriba en el cielo, ni abajo en la tierra, ni en las aguas debajo de la tierra. No te inclinarás a ellas ni las honrarás, porque yo soy Jehová, tu Dios… (Ex 20:4-5).

> Avergüéncense todos los que sirven a las imágenes de talla, los que se glorían en los ídolos. (Sal 97:7).

> Los ídolos de ellos son plata y oro, obra de manos de hombres. Tienen boca, pero no hablan; tienen ojos, pero no ven; orejas tienen, pero no oyen; tienen narices, pero no huelen; manos tienen, pero no palpan; tienen pies, pero no andan, ni hablan con su garganta. Semejantes a ellos son los que los hacen y cualquiera que confía en ellos. (Sal 115:4-8).

> ¿A qué, pues, haréis semejante a Dios o qué imagen le compondréis? (Is 40:18).

No tienen conocimiento aquellos que erigen su ídolo de madera, y los que ruegan a un dios que no salva. (Is 45:20).

Se puede argumentar que estos textos son del Antiguo Testamento y que, por tanto, hacen referencia a los ídolos paganos y no a las representaciones de Jesucristo, su madre o los santos. No obstante, es el segundo de los mandamientos del Decálogo, que todos los cristianos consideramos vigentes al día de hoy. El problema no está tanto en la teología, aunque establecer distintas categorías como las de latría, dulía o hiperdulía para distinguir el culto que solo se debe a Dios de la reverencia que se tributa a María o a los santos, tal como establece la doctrina católica estructurada en Trento, es un recurso muy artificial para eludir el mandato divino, y, además, propicia el verdadero problema del asunto: la religiosidad popular, que no entiende de tales finuras y sencillamente rinde un culto irracional a sus imágenes de devoción, convirtiéndolas en verdaderos ídolos a los que atribuye poderes milagrosos y en competencia los unos con los otros. A veces estas imágenes se convierten en amuletos de la suerte para muchas personas cuyos conceptos religiosos son más bien mágicos o semimágicos. Algunos de estos cultos populares se desarrollan rodeados de excesos de todo tipo que los convierten en orgiásticos y, por tanto, en abiertamente paganos. Es cierto que la jerarquía no avala esos excesos, pero los tolera o hace la vista gorda y no pone remedio alguno para evitarlos. ¿Quién osaría meterse con la fiesta del patrón o de la patrona? Conocemos, además, las reacciones de los medios de comunicación cada vez que algún párroco quiere ser consecuente y coherente con la doctrina en la que cree la Iglesia. En ocasiones es tal el revuelo que se forma en el pueblo, aireado convenientemente por los medios, que hasta tiene que abandonar el lugar, y milagro es si no lo hace sufriendo algún tipo de descalabro personal, escarnio público o suplicio mediático. O bien claudica, y ya todo se calma.

La religiosidad popular forma parte de la cultura popular y tiene generalmente su origen en el paganismo local que, además, al revestir el carácter de «cultura», se convierte en algo intocable. La ignorancia, la superstición y en ocasiones el fanatismo suelen alimentar este tipo de religiosidad.

El asunto ha sido motivo de debate y conflicto a lo largo de la historia del cristianismo. La Iglesia primitiva, siguiendo las enseñanzas y amonestaciones del Antiguo Testamento, no veneró imágenes de ningún tipo porque estas eran patrimonio exclusivo del paganismo. Después de Constantino se empezaron a usar determinadas representaciones, más con carácter didáctico que cúltico. Las primeras representaciones de Jesucristo empiezan a producirse a partir de la segunda mitad del siglo V. En el 305, el Concilio de Elvira prohibió que los templos estuvieran adornados con pinturas representativas de Cristo, la virgen o los santos. Con todo, la costumbre se extendió ampliamente. En su *Historia de la Iglesia cristiana*, Philip Schaff, nos dice:

> La costumbre de postrarse ante la imagen, en señal de reverencia al santo representado en ella, aparece primero en la Iglesia griega en el siglo sexto. De ahí que la gente carente de formación pudiera en muchos casos confundir la imagen con el objeto representado, atribuyendo a lo material y externo un mágico poder milagroso, y conectando la imagen con nociones supersticiosas heterogéneas; era algo que se podía esperar. Aun san Agustín se lamenta de que entre las masas cristianas no instruidas haya muchos adoradores de imágenes (*picturarum adulatores*), aunque cuenta a los tales entre el gran número de cristianos nominales, para quienes la esencia del Evangelio les es desconocida.[6]

En el siglo VIII surge en Oriente el conflicto de los iconoclastas, o rompedores de imágenes, llegándose a la persecución física de los que las adoraban o veneraban. Las Iglesias de Occidente se opusieron a tal movimiento. En el II Concilio de Nicea (787) se proclamó la legitimidad del culto a las imágenes.

Los reformadores protestantes, entre otras enseñanzas bíblicas abandonadas o caídas en el olvido, recuperaron el rechazo al culto a las imágenes. Aunque existen distintas maneras de entender el asunto entre los evangélicos, la mayoría hoy acepta el valor pictórico o didáctico de las imágenes, pero rechaza de manera tajante su veneración o cualquier expresión cúltica hacia ellas, entendiendo que en tal caso el culto que se

---

[6] SCHAFF, Philip: *History of the Christian Church*; Peabody (Massachusetts): Hendrickson 2006; tomo 3, pp. 572-573.

les tributa es idolátrico, por mucho que se exprese que dicho culto va dirigido a quien representa y no a la imagen misma, lo cual, aún admitiendo su valor teórico, suele estar muy lejos de la realidad.

San Pablo amonestó a los atenienses, reconocidos idólatras, diciéndoles:

> … no debemos pensar que la Divinidad sea semejante a oro, o plata, o piedra, escultura de arte e imaginación humana. (Hch 17:29).

A continuación les presentó a un Cristo vivo, y algunos de ellos se convirtieron.

La fe del cristiano no puede estar puesta en la capacidad milagrosa de una imagen, que sabemos es nula. Tampoco necesita el creyente representaciones ficticias de Dios ni de ninguno de sus santos. La imagen de Dios es Cristo, y la imagen de Cristo la encontramos en el Evangelio. Ahí debemos mirar. Cuando el autor de Hebreos dice «puestos los ojos en Jesús, el autor y consumador de la fe» (Heb 12:2) no se está refiriendo a ninguna imagen, sino al Jesús de las Escrituras revelado por el Espíritu Santo y al que se accede por la fe en la intimidad del contacto con Dios.

El cristiano, pues, debe rendir culto a Dios en la dimensión del espíritu, no de una manera meramente formal, sino interiorizada profundamente; y según la verdad revelada en las Escrituras. Hay formas muy extendidas de culto que no son correctas y, en consecuencia, deberían ser abandonadas, por mucho que se correspondan con tradiciones arraigadas en la historia. El error tiene una tradición muy antigua, y no por eso deja de ser error. Si la tradición es errónea, hay que abandonarla; aunque sabemos que una declaración como esta va en contra de las corrientes culturales en boga hoy día.

CAPÍTULO 6

Sacramentos

La palabra 'sacramento' proviene del latín *sacramentum*, que en origen se refería a un juramento de fidelidad a sus jefes que pronunciaban los soldados y es la traducción dada ocasionalmente en la Vulgata a la griega *mysterion*, transcrita como «misterio» en algunas traducciones bíblicas, aunque su sentido original es otro del que actualmente nos sugiere. Es una palabra cuya evolución en su uso eclesiástico es paralela al desarrollo teológico. Al principio se refería en forma genérica a cosas sagradas u observancias rituales y, por tanto, el número de los así llamados sacramentos era indefinido. En realidad no era un tema de interés teológico: la doctrina sacramental surgió posteriormente como producto de la enseñanza y la práctica eclesiásticas. Primero fue necesario desarrollar una doctrina concreta sobre el bautismo, la santa Cena y la penitencia; y para desarrollar esta fue necesario tener previamente un entendimiento teológico claro sobre la persona de Jesucristo. A partir del siglo V «se aplica principalmente a formas sagradas de adoración que fueron instituidas por Cristo y que, a través de las cuales, las bendiciones divinas son místicamente representadas, selladas y aplicadas a los hombres».[1] San Agustín es el primero en definir el sacramento como «un signo visible de una gracia invisible». Para él, sin embargo, el sacramento obraba en el creyente no de forma inmediata o mágica (*ex opere operato*, como define la doctrina de la Iglesia católica romana), sino por la fe activa del receptor. El número de siete sacramentos reconocidos hoy por la Iglesia de Roma parece provenir de un escrito anónimo del siglo XII, y de la obra *Sentencias* de Pedro Lombardo. El Concilio de Trento sancionaría definitivamente este número en 1547.

Lutero denunció los abusos de enseñanza y de práctica ejercidos sobre los llamados sacramentos, afirmando que tan solo el bautismo y la santa Cena merecían tal título, por ser los únicos en haber sido instituidos por Cristo. Para Calvino, quien se ocupa ampliamente del tema, en realidad el único verdadero sacramento era Cristo mismo, «el contenido y la sustancia de los sacramentos».

Ante la confusión semántica ligada al término 'sacramento', la mayoría de los evangélicos prefieren llamarlos 'ordenanzas', por haber sido instituidos u ordenados por el mismo Señor Jesucristo, pero el significado final es el mismo.

Los siete sacramentos de la Iglesia católica romana son:

— el bautismo;

— la confirmación;

— la confesión, penitencia, o más modernamente llamado «de la reconciliación»;

— la eucaristía;

---

[1] SCHAFF, *History...*; t. III, p. 474.

— el matrimonio;

— el orden sacerdotal;

— la extremaunción, o unción de los enfermos.

Las Iglesias ortodoxas orientales tienen los mismos sacramentos, pero los entienden de distinta manera; y los protestantes, como hemos dicho, solo aceptan dos de ellos: el bautismo y la eucaristía o santa Cena, entendiéndolos además de muy distinta manera, más como ordenanzas del Señor que como transmisores de alguna gracia especial en razón de sí mismos. El beneficio que se obtiene de ellos proviene de la fe de quien los practica, de la obediencia al mandato del Señor y de la vivencia interior de aquello que representan.

Bautismo y confirmación

Según el Nuevo Testamento, el *bautismo* es símbolo y testimonio público de una experiencia que ha sido vivida previamente por el creyente que se bautiza, con pleno conocimiento y voluntad, lo que elimina el bautismo de infantes recién nacidos. No es aquí el lugar ni el momento de debatir sobre esta práctica, por cierto muy antigua, pero que claramente contradice el espíritu del mandato de Jesucristo dado a sus discípulos y que se conoce como *La gran comisión*: «El que crea y sea bautizado, será salvo» (Mc 16:16). Parece claro que el requisito para ser bautizado es *creer*, facultad que solo corresponde a personas con capacidad responsable para decidir y que no tienen los niños recién nacidos. El recurso a la *confirmación* cuando estos niños llegan al uso de razón es solo una manera de tratar de subsanar el posible error de haber bautizado a quien todavía ni creía ni podía decidir. Lo hicieron los padres en su lugar, como lo harán en todo cuanto concierne a su vida, pues para eso están, pero en este caso no es ni bíblico ni necesario, pues el bautismo representa la experiencia de haber muerto al pecado, haber sido sepultado con Cristo, y haber resucitado a una nueva vida.[2] Todo procede de un concepto erróneo sobre el pecado original elaborado por la teología escolástica, que necesitó inventar el limbo para poder dar salida a sus conceptos. Hoy el limbo ha sido eliminado de la teología católica por no tener ningún fundamento bíblico, como tampoco lo tiene el purgatorio. Digo que no es bíblico porque el bautismo de niños no aparece en ningún lugar del Nuevo Testamento; y no es necesario porque ya dijo Jesús que de los niños era el Reino de los cielos, y que había que hacerse como ellos para poder entrar en él. El bautismo es un acto que sigue a la conversión y esta, como veremos más adelante, es un acontecimiento posterior a una vida pecaminosa, propia de cualquier adulto, no de un niño pequeño cuya capacidad moral de discernir entre el bien y el mal aún no se ha desarrollado y, por tanto, no puede ser culpado de ninguna falta. ¿Puede ser su pecado haber nacido? El llamado pecado original no es un pecado imputable a la criatura que nace, sino una condición que aboca a cada persona a la maldad en cuanto desarrolla sus propias capacidades de decidir y, por tanto, de responder de sus actos ante los demás y, en última instancia, ante Dios.

---

[2] Véase Romanos 6:3-8: «¿O no sabéis que todos los que hemos sido bautizados en Cristo Jesús, hemos sido bautizados en su muerte?, porque somos sepultados juntamente con Él para muerte por el bautismo, a fin de que como Cristo resucitó de los muertos por la gloria del Padre, así también nosotros andemos en vida nueva. Si fuimos plantados juntamente con Él en la semejanza de su muerte, así también lo seremos en la de su resurrección; sabiendo esto, que nuestro viejo hombre fue crucificado juntamente con Él, para que el cuerpo del pecado sea destruido, a fin de que no sirvamos más al pecado, porque el que ha muerto ha sido justificado del pecado. Y si morimos con Cristo, creemos que también viviremos con Él».

Confesión, penitencia, o reconciliación

En cuanto a la *confesión*, o sacramento de la reconciliación, como se le llama ahora, haremos referencia cuando hablemos de la salvación, en el capítulo VIII, porque ese es su mejor contexto, evitando así tener que repetir después.

Eucaristía

La *eucaristía*, palabra que en griego significa «acción de gracias», es, como enseña la Escritura del cuerpo de Cristo, el sacramento de la comunión entre los creyentes miembros de la Iglesia. Se la llama también *la santa Cena*, o la Cena del Señor, y participar en ella significa compartir el alimento espiritual que es Cristo, el pan de vida. Los elementos que se reparten entre los fieles, el pan y el vino, son igualmente símbolos de una realidad espiritual, tal como nos dice san Pablo escribiendo a los corintios:

> La copa de bendición que bendecimos, ¿no es la comunión de la sangre de Cristo? El pan que partimos, ¿no es la comunión del cuerpo de Cristo? Siendo uno solo el pan, nosotros, con ser muchos, somos un cuerpo, pues todos participamos de aquel mismo pan. (1 Cor 10:16-17).

Fue el desarrollo posterior del sacramentalismo lo que llevó a decir que el pan y el vino se transforman en el cuerpo y la sangre de Jesucristo, conservando su forma externa, pero cambiando radicalmente su sustancia. El Nuevo Testamento no sabe nada a este respecto, pues en todos los casos en que se trata el tema, sea el capítulo seis del Evangelio de Juan, en los sinópticos o en la Primera Carta de Pablo a los Corintios, el lenguaje es claramente simbólico. Interpretarlo de otra manera

71

lleva al absurdo y además, de nuevo, es innecesario. La gracia divina obra por medio de la fe, y no de elementos físicos que en sí mismos no tienen ningún poder. No lo tiene el agua del bautismo, ni el pan, ni tampoco el vino. Pretender que sí es aceptar que los efectos se producen por una acción mágica y no como respuesta a la fe del creyente. La Biblia nos enseña que «el justo vive por la fe» (Hab 2:4; Ro 1:17; Gal 3:11 lp). En la comunión se trata de entender o «discernir» el cuerpo de Cristo (1 Cor 11:27), y, en el contexto del pasaje, es más claro que este discernimiento se refiera a la congregación de los fieles —es decir la Iglesia—, alimentados y sustentados todos por el mismo Cristo, que a la transformación del pan en el cuerpo real de Jesucristo.

Matrimonio

El *matrimonio* es anterior al cristianismo y además ha existido y existe en todas las comunidades humanas y culturas. La manera de oficializarlo ha sido muy diversa y cambiante a lo largo de los siglos, pues los registros civiles son muy recientes. Si en el cristianismo es una institución que se reconoce de origen divino, no necesariamente es un sacramento en el sentido de algo que confiere por sí mismo una gracia especial. El matrimonio, la unión de un hombre y una mujer en forma estable para constituir una familia, ha adquirido formas diferentes a través de los tiempos en las distintas sociedades humanas, si bien las Escrituras nos muestran el ideal de Dios: un hombre y una mujer —no más, ni otra cosa— unidos en un proyecto común y para toda la vida. Es evidente que la realidad no siempre coincide con este ideal y es ahí donde la misericordia de Dios tiene que actuar para dar salida a los diferentes problemas que se plantean. A la vez, las sociedades humanas han establecido normas y reglas que regulan estas uniones, pero no son estas reglas las que hacen que el matrimonio sea tal, sino el mandato divino y la realidad del amor y el compromiso adquirido libremente entre los esposos:

> Por tanto dejará el hombre a su padre y a su madre, se unirá a su mujer y serán una sola carne. (Gn 2:24).

El matrimonio es un pacto entre los esposos para constituir una familia (Pr 2:17; Ez 16:8; Mal 2:14). Que el ideal de Dios es que el matrimonio dure para toda la vida es evidente por los siguientes textos:

> La mujer casada está sujeta por la ley al marido mientras este vive; pero si el marido muere, ella queda libre de la ley que la unía a su marido. (Ro 7:2).

> A los que están unidos en matrimonio, mando, no yo, sino el Señor, que la mujer no se separe del marido; y si se separa, quédese sin casar o reconcíliese con su marido; y que el marido no abandone a su mujer (1 Cor 7:10-11).

La realidad cotidiana se aleja del ideal de Dios. Esa es la causa de que exista el divorcio. Cuando Jesús fue preguntado sobre el asunto, Él contestó:

> Por la dureza de vuestro corazón, Moisés os permitió repudiar a vuestras mujeres; pero al principio no fue así. Y yo os digo que cualquiera que repudia a su mujer, salvo por causa de fornicación, y se casa con otra, adultera; y el que se casa con la repudiada, adultera. (Mt 19:8-9).

También san Pablo admite ciertas circunstancias para el divorcio, intentando siempre mantener el ideal divino:

> Si algún hermano tiene una mujer que no es creyente, y ella consiente en vivir con él, no la abandone. Y si una mujer tiene

marido que no es creyente, y él consiente en vivir con ella, no lo abandone, porque el marido no creyente es santificado por la mujer; y la mujer no creyente, por el marido. De otra manera vuestros hijos serían impuros, mientras que ahora son santos. Pero si el no creyente se separa, sepárese, pues no está el hermano o la hermana sujeto a servidumbre en semejante caso, sino que a vivir en paz nos llamó Dios. (1 Cor 7:12-15).

Respecto al «matrimonio» entre personas del mismo sexo, la posición teológica general del cristianismo es de rechazo al término de matrimonio para tal tipo de uniones, porque desvirtúa su significado. No se niega el derecho de las personas a elegir libremente su llamada orientación sexual, ni su manera de vivir; ni se trata de imponer ningún modelo de moralidad a nadie. Tampoco se niega el derecho a las sociedades civiles a legislar según sus propias tendencias sin tener que someterse a los criterios éticos de ninguna religión o confesión, ni su obligación que tienen de velar por la no discriminación de las minorías, sean estas cuales sean. Lo que se requiere es que no se adultere el sentido de las palabras ni de las realidades, así como el derecho a mantener unos principios propios del cristianismo sin ser perseguidos ni vituperados por ello. El cristianismo reclama el derecho a la libertad de conciencia para sí mismo, así como para los demás. Por eso no se opone al reconocimiento civil de las uniones homosexuales con los mismos derechos civiles que los matrimonios si se quiere, pero sin tergiversar lo existente. La insistencia y presión de los grupos ideológicos homosexuales y sus valedores políticos obedece más bien al deseo de forzar la degeneración definitiva de la institución matrimonial que al reclamo de unos derechos más que reconocidos por las sociedades modernas. El uso de los términos «marido» o «mujer» para el cónyuge del mismo sexo es una contradicción absurda y patética. La unión homosexual es sin duda una unión, pero hacerla llamar 'matrimonio' es solo un despropósito propio de la abundante estupidez política que abunda en nuestros tiempos, que comienza por la tergiversación sistemática del lenguaje con el que nos hemos entendido siempre. Cierto es que este evoluciona, pero una cosa es evolucionar y otra muy distinta disparatar. No es una cuestión de homofobia, como algunos sostienen sin fundamento alguno, sino de coherencia. Como señalaba un líder de la izquierda progresista española, ampliamente conocido por su capacidad sarcástica, reclamar el «matrimonio homosexual» ahora que el matrimonio como institución está en cuestión y parece estar en vías de extinción —según opinión suya y de los que se llaman a sí mismos progresistas— es un sinsentido. Personalmente, no creo que el matrimonio, a pesar de las crisis a que pueda estar sometido en la actualidad, esté en vías de extinción; pero ciertamente, el forzar el reconocimiento legal de la relación homosexual como tal va dirigido a intentar resquebrajar aun más una institución establecida por Dios y, por tanto, odiada por sus enemigos más acérrimos.

Orden sacerdotal

El *orden sacerdotal* tiene que ver con la ordenación o reconocimiento de quienes han de ejercer el ministerio —es decir, el servicio— a favor de los fieles. En la Iglesia católica romana, este sacramento confiere a la persona el carácter de *sacerdote*, pasando a formar parte del *clero*, en contraposición a los *laicos*. En la mayor parte del mundo protestante existe la ordenación de sus ministros de culto, genéricamente llamados *pastores*, aunque no todos ellos ejerzan esa función; pero esa ordenación es, por un lado el reconocimiento de un llamamiento y un ministerio previamente probados; por otro lado, significa encomendar al Señor a estas personas para que sea Él quien los fortalezca y capacite para ejercer sus funciones a favor del pueblo de Dios.

San Pablo enumera los principales ministerios del Nuevo Testamento y explica cuál es el propósito con el que han sido instituidos por Jesucristo:

> Y Él mismo constituyó a unos, apóstoles; a otros, profetas; a otros, evangelistas; a otros, pastores y maestros, a fin de perfeccionar a los santos para la obra del ministerio, para la edificación del cuerpo de Cristo. (Ef 4:11-12).

No son los únicos ministerios ni las únicas funciones ministeriales a desempeñar en la Iglesia, pero son reconocidos como los cinco ministerios fundamentales, esenciales para que la propia Iglesia desarrolle el servicio general que como pueblo de Dios y cuerpo de Jesucristo tiene que desempeñar en este mundo. El mismo Apóstol Pablo menciona otros ministerios o servicios en sus cartas. Los términos *obispo* (supervisor), *presbítero* (anciano o dirigente) y *diácono* (ministro), todos ellos existentes en nuestro léxico eclesiástico de hoy en día, no significaban en origen ningún orden jerárquico. Solo a partir del siglo II adquirieron el significado técnico y concreto que mayoritariamente tienen hoy. La palabra *papa* (padre) se asignó al principio a quienes presidían las Iglesias y solo tras largo y no poco controvertido proceso quedó para uso exclusivo del obispo de Roma, a partir de un *primus inter pares,* fruto del respeto y del prestigio adquirido en tiempos de persecución y controversia doctrinal, posteriormente degenerado en *pontifex maximus*, título sustraído del colapsado Imperio romano.

En las Iglesias orientales, los sacerdotes son llamados *popes*, y quienes presiden las grandes Iglesias nacionales, son los *patriarcas*.

En el mundo protestante, no todas las Iglesias evangélicas entienden la ordenación o reconocimiento de sus ministros de la misma manera. Tampoco en todas ellas existe una separación o diferenciación entre clérigos y laicos. Pero todas creen en el llamado *sacerdocio universal de los creyentes*, basadas en las palabras del mismo Pedro, tenido por primer papa por la Iglesia católica romana:

> Vosotros también, como piedras vivas, sed edificados como casa espiritual y sacerdocio santo, para ofrecer sacrificios espirituales aceptables a Dios por medio de Jesucristo. (1 P 2:5).

También en el Apocalipsis de san Juan se nos dice:

> Al que nos ama, nos ha lavado de nuestros pecados con su sangre y nos hizo reyes y sacerdotes para Dios, su Padre... (Ap 1:5-6).

El significado de la palabra 'sacerdote' es «uno que ofrece sacrificios». Las religiones antiguas que continuamente ofrecían sacrificios para aplacar la ira de sus dioses o para obtener su benevolencia, necesitaban de hombres o mujeres, según el caso, para desempeñar esa función, constituyendo castas especiales de gran influencia en la vida política de cada nación. Dios, que se reveló a Moisés en el desierto del Sinaí con el nombre de יהוה (generalmente transcrito como Yahvé, o Jehová) pretendió que todo el pueblo de Israel pudiera constituir para sí un pueblo de sacerdotes. Estas son las palabras que Dios le dirigió tras haber salido de Egipto, frente al monte Sinaí:

> Ahora, pues, si dais oído a mi voz y guardáis mi pacto, vosotros seréis mi especial tesoro sobre todos los pueblos, porque mía es toda la tierra. Vosotros me seréis un reino de sacerdotes y gente santa... (Ex 19:5-6).

El pueblo no quiso aceptar tal responsabilidad, asustado por las tremendas manifestaciones del poder de Dios; así que respondió a Moisés:

Acércate tú, y oye todas las cosas que diga Yahvé, nuestro Dios. Tú nos dirás todo lo que Yahvé, nuestro Dios, te diga, y nosotros oiremos y obedeceremos. (Dt 5:27).

En consecuencia, Dios eligió a Aarón y sus descendientes para desempeñar la función sacerdotal en el pueblo de Israel, lo que prefiguraría la obra de Jesucristo en un futuro, según el plan de Dios.

La Carta a los Hebreos nos dice que «debía ser en todo semejante a sus hermanos, para venir a ser misericordioso y fiel sumo sacerdote en lo que a Dios se refiere, para expiar los pecados del pueblo» (Heb 2:17). Tras una pormenorizada explicación del sacerdocio de Cristo, el autor añade:

Todo sumo sacerdote está constituido para presentar ofrendas y sacrificios, por lo cual es necesario que también este tenga algo que ofrecer (…) Pero ahora tanto mejor ministerio es el suyo, cuanto es mediador de un mejor pacto, establecido sobre mejores promesas. (Heb 8:3, 6).

Así que el verdadero sacerdote es Cristo mismo, que se ofreció a sí mismo como ofrenda por el pecado ante Dios. La Biblia desarrolla toda una teología de la *expiación*, aunque no podemos extendernos al respecto, pues este no es un tratado de teología sistemática, sino una obra de reflexión. Toda la Carta a los Hebreos es un extraordinario tratado sobre este tema. Añadamos tan solo el siguiente pasaje para completar el argumento:

Estando ya presente Cristo, sumo sacerdote de los bienes venideros, por el más amplio y más perfecto tabernáculo, no hecho de manos, es decir, no de esta creación, y no por sangre de machos cabríos ni de becerros, sino por su propia sangre, entró una vez para siempre en el Lugar Santísimo, habiendo obtenido eterna redención. Porque si la sangre de los toros y de los machos cabríos, y las cenizas de la becerra rociadas a los impuros, santifican para la purificación de la carne, ¿cuánto más la sangre de Cristo, el cual mediante el Espíritu eterno se ofreció a sí mismo sin mancha a Dios, limpiará vuestras conciencias de obras muertas para que sirváis al Dios vivo? Por eso, Cristo es mediador de un nuevo pacto, para que, interviniendo muerte para la remisión de los pecados cometidos bajo el primer pacto, los llamados reciban la promesa de la herencia eterna (Heb 9:11-15).

El lenguaje utilizado es evidentemente teológico, pero no hasta el punto de que no podamos entenderlo sin necesidad de un curso especializado. Todo el sistema sacerdotal del Antiguo Testamento tiene por objeto representar la realidad que se cumpliría en Cristo. Su muerte en la cruz es el cumplimiento del plan de Dios para salvar a la humanidad, por mucho que resulte chocante a muchos. Es lo que san Pablo llama «la locura de la cruz» (1 Cor 1:18).

Históricamente, es a partir de Clemente, Tertuliano y Cipriano que se considera al ministro cristiano como sacerdote, comparándolo con el orden levítico del Antiguo Testamento. Paralelamente se va desarrollando una teología de la eucaristía como sacrificio, hasta llegar a la definición del culto cristiano como «la repetición incruenta del sacrificio de Cristo»,[3] lo que

---

[3] Esa vieja definición está hoy más difuminada en el *Catecismo oficial* de la Iglesia católica, que dice, en su art. 1367, que «El sacrificio de Cristo y el sacrificio de la Eucaristía son, pues, *un único sacrificio*: "Es una y la misma víctima, que se ofrece ahora por el ministerio de los sacerdotes, que se ofreció a sí misma entonces sobre la cruz. Sólo difiere la manera de ofrecer" (Concilio de Trento, Sess. 22.ª, Doctrina de ss. *Missae sacrificio*, c. 2: DS 1743). "Y puesto que en

constituye el centro de la misa católica romana, en abierta contradicción con la declaración de Hebreos:

> De la manera que está establecido para los hombres que mueran una sola vez, y después de esto el juicio, así también Cristo fue ofrecido una sola vez para llevar los pecados de muchos... (Heb 9:27-28)

> Cristo, habiendo ofrecido una vez para siempre un solo sacrificio por los pecados, se ha sentado a la diestra de Dios (...) Y así, con una sola ofrenda hizo perfectos para siempre a los santificados. (Heb 10:12, 14).

El sacrificio de Cristo es irrepetible, pues solo podemos morir una vez. Y además es suficiente, porque su valor es eterno. Todos los creyentes somos sacerdotes de Dios, pero nuestros sacrificios que ofrecemos son nuestra propia vida, nuestra adoración, nuestro servicio a Dios; eso constituye nuestro culto más razonable, como ya hemos visto en el texto de Romanos 12:1. Nadie puede volver a sacrificar a Cristo, o repetir el sacrificio de la cruz, aunque sea como se dice, incruentamente.

Extremaunción

Por último, en cuanto a la *extremaunción* o unción de los enfermos, la Iglesia católica romana actualmente ha evolucionado en su aplicación. Hasta no hace mucho tiempo, se aplicaba tan solo a los moribundos, o incluso a personas recién fallecidas. Actualmente, adaptándose mejor a las tradiciones originales, solo se aplica a los vivos, y no tan solo a los moribundos, sino

---

este divino sacrificio que se realiza en la Misa, se contiene e inmola incruentamente el mismo Cristo que en el altar de la cruz, 'se ofreció a sí mismo una vez de modo cruento'"». (Ibíd.). Pero viene a ser lo mismo.

también a los enfermos, ancianos, y a los debilitados.[4] En las Iglesias orientales, oran y ungen a los enfermos sin necesidad de que estos estén a punto o en peligro de morir. Los protestantes, en general, oran por los enfermos en cumplimiento de lo que dice Santiago en su epístola:

> ¿Está alguno enfermo entre vosotros? Llame a los ancianos —presbíteros o dirigentes— de la Iglesia para que oren por él, ungiéndolo con aceite en el nombre del Señor. Y la oración de fe salvará al enfermo, y el Señor lo levantará... (Stg 5:14-15).

Este texto es el fundamento bíblico de esta práctica para todos los cristianos, sea cual sea su familia denominacional. Es una oración por sanidad y no para muerte. En el mundo protestante o evangélico, a partir de determinados movimientos restauracionistas del siglo XIX, se ha recuperado de manera sustancial la oración por los enfermos, sobre todo en el campo pentecostal o carismático, con testimonios de sanidades sorprendentes claramente contrastados. Jesús realizó numerosos milagros de sanidad durante el ejercicio de su ministerio terrenal. La sanidad divina es algo que emana del sacrificio de Jesús en la cruz. Es parte de la redención, aunque esta aún no es plena hasta el cumplimiento de todas las cosas. El apóstol Pedro escribe en su primera carta:

---

[4] Del citado *Catecismo*, sobre este sacramento entresacamos lo siguiente, para una mejor comprensión de esto que decimos: «Art. 1512- (...) En el transcurso de los siglos, la unción de los enfermos fue conferida, cada vez más exclusivamente, a los que estaban a punto de morir. A causa de esto, había recibido el nombre de "Extremaunción" (...) Art. 1514- La unción de los enfermos "no es un sacramento sólo para aquellos que están a punto de morir. Por eso, se considera tiempo oportuno para recibirlo cuando el fiel empieza a estar en peligro de muerte por enfermedad o vejez"».

Él mismo llevó nuestros pecados en su cuerpo sobre el madero, para que nosotros, estando muertos a los pecados, vivamos a la justicia. ¡Por su herida habéis sido sanados! (1 P 2:24).

Está citando al profeta Isaías, quien dice:

Ciertamente llevó Él nuestras enfermedades y sufrió nuestros dolores (…) Él fue herido por nuestras rebeliones, molido por nuestros pecados. Por darnos la paz, cayó sobre Él el castigo, y por sus llagas fuimos nosotros curados. (Is 53:4-5).

CAPÍTULO 7

La autoridad eclesiástica

Este es uno de los temas más controvertidos dentro de las denominaciones cristianas y una de las causas más comunes de conflicto y división en las Iglesias. En la Antigüedad, la Iglesia de Roma obtuvo un gran reconocimiento y respeto debido a diversas causas: al hecho de que los apóstoles Pablo y Pedro hubieran tenido algo que ver con ellas y que, según cierta tradición posiblemente cierta, hubieran muerto allí como mártires; a los muchos mártires ejemplares que su Iglesia aportó a la causa cristiana durante las persecuciones, y a su ortodoxia manifiesta en tiempos de conflictos teológicos. Su prestigio y el de sus obispos, además de las propias circunstancias políticas, hace que, a partir de cierto momento histórico, crea que debe alzarse sobre las demás Iglesias históricas y reclamar la supremacía absoluta sobre ellas. La historia de este devenir teológico coincide con el desarrollo del papado como institución. Los obispos de Roma van a ir construyendo un entramado religioso, teológico-político, sobre el que se asentará esta idea que culminará con la declaración dogmática de la infalibilidad papal. En el camino dejará la huella indeleble de dos grandes e históricas rupturas, cuyas simas hoy parecen infranqueables: el llamado cisma de Oriente y la Reforma protestante. La primera se consumará en 1054, y la segunda, a partir de 1517, tras la colocación de las 95 tesis de Lutero en las puertas de la catedral de Wittemberg. La unidad católica se rompió en ambas ocasiones debido a una obstinación interesada por obtener y mantener una supremacía que nadie le había otorgado.

Surgen varias preguntas: ¿Fue Pedro realmente el primer papa de la historia? ¿La autoridad conferida por Jesús a Pedro era hereditaria o transmisible a otros? ¿Significaba esa autoridad la preponderancia absoluta y la infalibilidad?

Por otro lado, ¿qué tipo de autoridad tienen los líderes religiosos, sea cual sea su nivel y posición?

Todos estos temas han ocupado y siguen ocupando la atención de los creyentes, y son causa de divisiones y debates, y de que la cristiandad se encuentre dividida en múltiples denominaciones.

Para empezar, hay que señalar que la Biblia no muestra un modelo único y definido de gobierno para las iglesias. Al principio, estas siguieron el modelo de las sinagogas. No hay que olvidar que al principio la Iglesia no era sino un fenómeno «dentro» del judaísmo. Posteriormente, con la incorporación de los gentiles, fue adquiriendo características y formas ajenas al mismo. La influencia de las estructuras y de la cultura del Imperio romano es innegable y, en muchos casos, determinante.

La teología de la Iglesia —*eclesiología*— reconoce hoy tres modelos básicos de gobierno de las iglesias:

— la episcopal, con la derivación del modelo papal, en el caso de la Iglesia de Roma, o el patriarcal en el caso de las Iglesias orientales;
— la presbiteriana;
— la congregacionalista.

Estos dos últimos modelos son propios del protestantismo.

El gobierno episcopal de las Iglesias se basa en los obispos, término derivado del griego *epískopos* (supervisor) y en la supuesta sucesión apostólica transmitida por los obispos iniciales —los apóstoles— a sus sucesores, y por estos a los suyos, hasta llegar a nuestros días. Son episcopales, en cuanto a la forma de gobierno, la Iglesia católica romana, las Iglesias ortodoxas, y la Iglesia anglicana. Es un sistema piramidal: arriba están los obispos; le siguen los presbíteros, los diáconos y los fieles. El papado es un sistema episcopal, pues el papa no es sino el obispo de Roma, pero acentuando el papel de este último. La característica particular es que este obispo ejerce una supremacía sobre todos los demás y es considerado «cabeza visible de la Iglesia», lo que le confiere, según esta interpretación, una autoridad suprema. El Nuevo Testamento no da trazas de algo así y declara abierta y contundentemente que la única cabeza de la Iglesia es Cristo:

> Y sometió todas las cosas debajo de sus pies, y lo dio por cabeza sobre todas las cosas a la Iglesia, la cual es su cuerpo... (Ef 1:22-23).

> Siguiendo la verdad en amor, crezcamos en todo en aquel que es la cabeza, esto es, Cristo. (Ef 4:15).

> Él es también la cabeza del cuerpo que es la Iglesia... (Col 1:18).

No hay lugar en la Escrituras para reclamar la necesidad de una «cabeza visible», o de un vicario o sustituto que cubra la ausencia física de Cristo, puesto que esa persona no es otra que el Espíritu Santo.

La Iglesia de Roma recurre a Mateo para elaborar su doctrina papal en las siguientes palabras que Jesús le dijo a Simón:

Bienaventurado eres, Simón, hijo de Jonás, porque no te lo reveló carne ni sangre, sino mi Padre que está en los cielos. Y yo también te digo que tú eres Pedro, y sobre esta roca edificaré mi Iglesia, y las puertas del Hades no la dominarán. Y a ti te daré las llaves del Reino de los cielos: todo lo que ates en la tierra será atado en los cielos, y todo lo que desates en la tierra será desatado en los cielos. (Mt 16:17-19).

Usa este texto para afirmar su doctrina de la supremacía de su obispo sobre los demás obispos de la cristiandad, haciéndolo sucesor directo de Pedro quien, supuestamente, fue constituido como fundamento sobre el que está edificada la Iglesia, a la vez que recibía las llaves del Reino de Dios. Para entender plenamente este pasaje, que solo se encuentra en el Evangelio de Mateo, hay que leerlo completo, con lo que está delante —la declaración de Pedro reconociendo a Jesús como el Mesías de Israel— y lo que hay detrás —la evidencia de la propia incapacidad humana de Pedro, a quien Jesús reprende con las duras palabras de «¡Quítate de delante de mí, Satanás! Me eres tropiezo, porque no pones la mira en las cosas de Dios, sino en las de los hombres» (Mt 16:23). Además, hay que tener en cuenta lo que dicen el resto de las Escrituras, como, por ejemplo, las palabras que el Apóstol Pablo dirige a la Iglesia en Corinto:

Conforme a la gracia de Dios que me ha sido dada, yo, como perito arquitecto, puse el fundamento, y otro edifica encima; pero cada uno mire cómo sobreedifica. Nadie puede poner otro fundamento que el que está puesto, el cual es Jesucristo. (1 Cor 3:10-11).

¿Qué quiso entonces decirle Jesús a Pedro? ¿Cómo interpretamos sus palabras?

El papado no existe tal como lo conocemos hoy desde los principios del cristianismo, sino que es el resultado de una larga y lenta evolución. En el siglo II comienza la jerarquización de la Iglesia y nace una supuesta «tradición de Pedro». Es a partir del siglo III que la Iglesia de Roma comienza a reclamar para sí y para su obispo una posición de prestigio y de consulta frente a otras sedes. La idea de la supremacía papal nace en el siglo IV, en el Concilio de Sárdica (343). Roma será a partir de ahí «sede apostólica», y su obispo, «el sucesor de Pedro», pasando a ser «vicario de Pedro» en el siglo XI, tras el cisma de Oriente. En el siglo XIII, el papa da el salto para ser «vicario de Cristo» (Inocencio III) y, poco después, «vicario de Dios» (Inocencio IV). Bonifacio VIII proclama la «teocracia pontificia» (*Bula Unam Sanctam*). El Concilio de Trento fortalecerá sustancialmente la posición del papa y definirá la teología católica que regirá en adelante, pero el dogma de la infalibilidad papal no será promulgado hasta el Concilio Vaticano I (1870). Los papas que han marcado los hitos de esta evolución son:

1) León I: 440-461. El primer papa propiamente dicho.
2) Gregorio VII: 1073-1085. Promulgará los famosos *Dictatus Papæ*, que expresan las pretensiones de dominio absoluto del papa sobre cualquier jerarquía eclesiástica, sobre los fieles, y aún sobre los príncipes seculares.
3) Inocencio III: 1198-1216. Se sitúa por encima de los reyes de la tierra.
4) Pío IX: 1846-1878. Es el artífice del dogma de la infalibilidad papal.

No hace falta mencionar que la historia de los papas no ha sido siempre edificante, y que durante siglos ha estado dominada por la corrupción en todos los ámbitos, por la ambición, la intriga y la política, muy por encima de sus supuestas funciones espirituales. No trato aquí, sin embargo, de exponer un ataque contra el papado, sino de suscitar la reflexión en el lector. El papado es la institución que une y define la Iglesia católica romana, pero, al mismo tiempo, la que la separó en la historia y la separa irreductiblemente hoy de las demás Iglesias cristianas. La unidad de los cristianos no depende ni puede depender de una institución cismática, sino de la sumisión y dependencia espiritual de la única cabeza de la Iglesia, que es Cristo. El Espíritu Santo es el único capaz de producir esa unidad espiritual, que no organizativa. Para estar unidos no es necesario que todos los cristianos formemos una sola, única y monopolística organización, sino que todos vivamos como un cuerpo espiritual, unidos en el Espíritu, y sometidos todos los unos a los otros en una armonía enriquecedora. Unidad no es sinónimo de uniformidad. Como bien enseña san Pablo, en el cuerpo de Cristo existe la diversidad en la unidad, como en un cuerpo existen miembros diferentes gobernados por la cabeza del cuerpo, que en este caso es Cristo y no otro. Esta es la exhortación de Pablo a los filipenses:

> Os ruego que andéis como es digno de la vocación con que fuisteis llamados: con toda humildad y mansedumbre, soportándoos con paciencia los unos a los otros en amor, procurando mantener la unidad del Espíritu en el vínculo de la paz: un solo cuerpo y un solo Espíritu, como fuisteis también llamados en una misma esperanza de vuestra vocación; un solo Señor, una sola fe, un solo bautismo, un solo Dios y Padre de todos, el cual es sobre todos y por todos y en todos. (Ef 4:1-6).

La historia del cristianismo pone en evidencia que estos consejos de Pablo no se han seguido en todos los momentos, o se han tergiversado buscando una unidad de dominio, pero no en el Espíritu. Hay buenas intenciones en muchos, y el movimiento ecuménico es prueba de ello, pero es difícil abandonar las posturas históricas para encontrarnos en una base posible de la unidad, que solo puede ser Cristo, y no ninguna institución humana. La brecha histórica parece infranqueable; los avances hacia la verdadera unidad espiritual, escasos. El muro de separación es más grande que el de Berlín, o que el telón de acero que separaba el mundo capitalista del mundo comunista. Con todo, ambos cayeron casi simultáneamente. No es de una unidad formal de lo que estoy hablando aquí, sino del abandono de los errores históricos cometidos por todas las partes para encontrarnos en Cristo, como cuerpo suyo y no como una megaorganización. Parece un imposible.

En cuanto al *modelo presbiteriano*, es el propio de las Iglesias reformadas o calvinistas. Los dirigentes de las iglesias se denominan *presbíteros*, que como ya hemos mencionado es un término que significa 'anciano' o 'dirigente de una comunidad', y son elegidos por las propias congregaciones. Puede haber varios ancianos en una iglesia, formando todos un *presbiterio* o consejo de ancianos, a quienes corresponde el gobierno de la congregación. A su vez, se forman presbiterios regionales o nacionales, que se reúnen en *sínodos* o asambleas generales. El presbiterianismo influyó notablemente en la Constitución de los Estados Unidos de América y en la mentalidad del pueblo norteamericano. Frente al modelo episcopal, ofrece una mayor participación de los fieles en el gobierno de las iglesias locales o *parroquias*, pues, al no ser un sistema jerárquico, son ellos quienes eligen a sus pastores y quienes participan en las decisiones administrativas. Su teología es calvinista.

El congregacionalismo es un modelo de gobierno democrático en el que las iglesias locales son autónomas y soberanas, por lo que no están sujetas a ninguna otra autoridad sino la de Cristo, única cabeza de la Iglesia. Todos los fieles son sacerdotes, conforme a las Escrituras, tal como hemos expuesto antes al hablar del sacerdocio universal de los creyentes. El congregacionalismo nació en Inglaterra a finales del siglo XVI, como derivación del puritanismo, y fue perseguido por la Iglesia oficial. Muchos congregacionalistas tuvieron que emigrar a las colonias americanas. Son congregacionalistas las Iglesias bautistas, las Iglesias llamadas «de hermanos» y la mayoría de las pentecostales. En estas Iglesias existen dirigentes o ministros, llamados *pastores* o *ancianos*, según los casos, pero las decisiones son adoptadas democráticamente por la congregación y no por una élite dirigente o clerical.

Además de estos tres modelos básicos, hay formas mixtas en las que se dan aspectos de las distintas formas de gobierno combinadas de distinta manera. En los tiempos más modernos han irrumpido con fuerza en algunas partes del mundo dos formas nuevas de estructura eclesiástica y, por tanto, de gobierno: la *apostólica* y la *celular*.

El *sistema apostólico* es otra derivación del sistema episcopal, en la que un ministro dirigente, en función de su prestigio o de la autoridad derivada de la fundación de un número de iglesias o movimiento especial, acoge o da «cobertura», es decir, apadrina o protege, a otras iglesias que o bien ha fundado, o simplemente se han añadido al grupo, con lo que, en una simbiosis eclesiástica, el llamado apóstol amplía su territorio de influencia, y la iglesia que se acoge a su ministerio se beneficia de esta influencia y de su prestigio personal. En muchas ocasiones esta simbiosis es provechosa para la iglesia y es más o menos natural, en función de su proximidad geográfica y afinidad; en otros casos, la entente resulta artificial y responde a motivaciones menos claras, cuando las distancias o la falta real de vínculos ponen de manifiesto que lo que se busca poco tiene que ver con una obra real del Espíritu Santo.

El sistema celular se basa en modelos muy antiguos, pues es cierto que la Iglesia primitiva se reunía por las casas, como queda de manifiesto en el libro de los Hechos y en las cartas de Pablo, quien saluda en varias ocasiones a determinados hermanos y a «la Iglesia que está en su casa». John Wesley, el fundador del metodismo, organizó grupos de estudio bíblico en los hogares, metodología que le proporcionó muy buenos resultados. La estructura de grupos pequeños, o *células*, ha resultado ser un medio muy eficaz de organización de la Iglesia cuando esta es perseguida, como ha sucedido en China u otros lugares de persecución. Hoy hay allí millones de cristianos que han salido adelante gracias a este sistema. El Dr. Paul Yonggui Cho ha utilizado este modelo para su Iglesia en Corea, una de las congregaciones más grandes del mundo. Pero, como bien dicen los promotores del modelo celular, una cosa es la utilización de las células o grupos pequeños para el desarrollo de la Iglesia —de una Iglesia que se organiza y se gobierna según alguno de los métodos anteriormente citados— y otra cosa es una Iglesia celular. El conocido como G-12 es un sistema «en red» que se basa en los mismos principios que la metodología comercial de tipo piramidal y en el número doce, que es mismo que el de los apóstoles que escogió Jesús. El líder del grupo atiende a doce personas, que serán quienes «pastorean» con él. Estos doce tienen a su vez otros doce creyentes bajo su ministerio y control, que a su vez tiene a otros doce y así sucesivamente hasta el infinito. Cada discípulo ha de buscarse a sus doce bajo su control para demostrar sus capacidades pastorales, pues se promueve que cada creyente ha de ser un pastor; un pastor de doce. Para mantener el sistema, se promueven actividades, retiros y encuentros periódicos en los que los dirigentes situados más arriba en la pirámide ministran al conjunto, que constituye la Iglesia. El objetivo es que todos se sientan atendidos y pastoreados, al tiempo que todos aportan un ministerio a otros y, por tanto, sus talentos espirituales son desarrollados. Hay principios en este sistema muy valiosos que han proporcionado un crecimiento espectacular en determinados lugares, especialmente en América Latina, pero también, la dependencia absoluta de los números y la rigidez del sistema

—si el creyente no está de acuerdo o no se adapta al sistema, se ve forzado a salir— han producido efectos muy negativos en muchos creyentes que lo han abandonado dañados y desanimados. Además, como todo sistema geométrico y piramidal, muchas veces acaba consumiéndose a sí mismo, como si de un cáncer se tratara. Muchas iglesias que lo han probado, tras un tiempo en el que se entremezclan las ganancias y las pérdidas, al final, aun contradiciendo las indicaciones de sus promotores iniciales —que dicen que o se aplica el método estrictamente o no funciona—, han acabado adaptándolo y flexibilizándolo. Lo cierto es que este es un modelo actual para muchas iglesias.

Aparte de los diferentes modelos, que no hacen a las Iglesias más cristianas que otras, el principio de autoridad es bíblico. El problema reside en qué tipo de autoridad tienen los siervos de Dios y cómo se aplica. La historia y muchas realidades hoy existentes ponen de manifiesto que sobre este tema ha habido y hay abusos, debido a una teología eclesiológica inadecuada o equivocada, con resultados nefastos y crueles en ocasiones, o, cuando menos, perjudiciales para la vida espiritual de los creyentes que los han sufrido. Pero, cuando la autoridad espiritual se ejerce en dimensiones correctas, según los criterios bíblicos, constituyen un regalo para la Iglesia, es decir, para los creyentes.

El Apóstol Pablo dirige a los fieles de Éfeso las siguientes significativas palabras:

> Pero a cada uno de nosotros fue dada la gracia conforme a la medida del don de Cristo. Por lo cual dice: «Subiendo a lo alto, llevó cautiva la cautividad, y dio dones a los hombres» (…) Él mismo constituyó a unos, apóstoles; a otros, profetas; a otros, evangelistas; a otros, pastores y maestros. (Ef 4:7-8, 11).

Estos llamados «cinco ministerios», representativos de todos los posibles, son un regalo de Cristo a su Iglesia, pues por medio de ellos la Iglesia es equipada y capacitada para ejercer su labor en el mundo. Así lo explican los versículos que siguen a este texto que indican que su finalidad es «perfeccionar a los santos para la obra del ministerio, para la edificación del cuerpo de Cristo, hasta que todos lleguemos a la unidad de la fe y del conocimiento del Hijo de Dios, al hombre perfecto, a la medida de la estatura de la plenitud de Cristo» (Ef 4:12-13).

La versión aquí utilizada, la Reina-Valera 95, traduce la palabra griega *katartismos*, por el verbo 'perfeccionar'. El sentido es lograr la capacitación o madurez espiritual de los creyentes —en el lenguaje bíblico, los santos— mediante la instrucción proporcionada por los anteriores cinco ministerios. En el Nuevo Testamento hay otras listas de ministerios o funciones: obispos, ancianos o presbíteros, diáconos, administradores, ayudantes, etcétera (Ro 12:6-8; 1 Cor 12:27-31). Los obispos, presbíteros y diáconos no constituyeron un orden jerárquico hasta el siglo II de nuestra era, tras una evolución paralela al desarrollo y estructuración de las comunidades cristianas. Con todo ello, una de las funciones reconocidas es la de presidir, como refiere Pablo en el texto de Romanos. Las Escrituras respaldan el principio de autoridad; la cuestión es qué tipo de autoridad es la autoridad espiritual y cómo ha de ejercerse sin abusos ni desviaciones.

Lo primero que hay que decir es que la única autoridad soberana es la de Dios, y así lo reconocen las Escrituras. Dios se hizo hombre en Jesucristo, y Él tiene concedida toda autoridad, como les transmite a sus discípulos antes de irse al cielo y encargarles la *gran comisión*: «Toda potestad [autoridad] me es dada en el cielo y en la tierra» (Mt 28:18). Por haber recibido esa autoridad es que puede delegarla en sus apóstoles para que ellos vayan al mundo y prediquen sus buenas nuevas, para que el mundo se salve. Son muchas las citas del Nuevo Testamento en las que se pone de manifiesto que quienes ejercen autoridad en la Iglesia la han recibido de Dios mismo, lo cual no significa otra cosa sino que es una «autoridad delegada», no soberana, de la que han de dar cuentas. El apóstol Pedro, supuesto primer papa, lo dice muy claro:

> Ruego a los ancianos que están entre vosotros, yo, anciano también con ellos y testigo de los padecimientos de Cristo, que soy también participante de la gloria que será revelada: apacentad la grey de Dios que está entre vosotros, cuidando de ella, no por fuerza, sino voluntariamente; no por ganancia deshonesta, sino con ánimo pronto; no como teniendo señorío sobre los que están a vuestro cuidado, sino siendo ejemplos de la grey. (1 P 5:1-3).

Seguro que aprendió bien la lección que les dio Jesús:

> Sabéis que los gobernantes de las naciones se enseñorean de ellas, y los que son grandes ejercen sobre ellas potestad. Pero entre vosotros no será así, sino que el que quiera hacerse grande entre vosotros será vuestro servidor, y el que quiera ser el primero entre vosotros será vuestro siervo; como el Hijo del hombre, que no vino para ser servido, sino para servir y para dar su vida en rescate por todos. (Mt 20:25-28).

Estos textos y otros definen y clarifican el tipo de autoridad que ha de ejercerse en la Iglesia de Dios. Cualquier tipo de autoridad que se enseñoree de las personas —es decir, que las domine, ya sea por procedimientos sicológicos, emocionales o físicos, o por cualquier tipo de presión o manipulación— es una autoridad abusiva que nada tiene que ver con la autoridad espiritual. Jesús lo recalcó en forma clara: «entre vosotros no será así». Ese tipo de autoridad es propia de los tiranos de este mundo, pero no de los seguidores de Jesús, cuya autoridad se basa en el principio del servicio y no del dominio.

Pedro dio algunas indicaciones muy interesantes.

La labor de los dirigentes cristianos —aquí se les llama 'ancianos', o 'presbíteros', que es la palabra original— es «apacentar» la grey de Dios —toda una metáfora—, de ahí que se les llame 'pastores'. Es decir, *pastorear* es alimentar al pueblo de Dios, llevarlos a buenos pastos, satisfacer sus necesidades espirituales y humanas. Los mejores ejemplos bíblicos sobre el pastor se encuentran en el Salmo 23 y en el capítulo 10 del Evangelio según san Juan.

Los creyentes son guiados de manera voluntaria, no por fuerza o por presiones de ningún tipo, pues así enseñó Jesús. La fe no se impone, sino que se acepta libremente —toda una lección histórica—. Los creyentes son libres y responsables individualmente ante los hombres y ante Dios.

Los dirigentes cristianos no pueden dejarse llevar por el afán de lucro: la Escritura enseña que tienen derecho a ser sostenidos por los propios fieles, pero su actuación no puede estar motivada por el beneficio personal, sino por el espíritu de servicio al prójimo y a la comunidad.

El ministerio es una tarea o función que se debe realizar con gusto, no obligado o presionado por ninguna motivación inadecuada. El «ánimo pronto» significa 'de buen grado'. El ministerio es una vocación, no una profesión ni una sinecura.[5]

La autoridad eclesiástica no otorga a quienes la ejercen ningún «señorío», soberanía o dominio sobre las personas bajo su cuidado.

Los fieles están «al cuidado» de los dirigentes de la Iglesia. La función de estos es atenderlos, cuidarlos, velar por su bienestar, aconsejarlos, intentar sanar sus heridas, restaurarlos

---

[5] Del latín *sine cura*, sin preocupación. El *Diccionario Anaya de la lengua*, lo define como «empleo o cargo de poco trabajo y notable retribución».

y fortalecerlos en su fe. Es una responsabilidad por la que tendrán que rendir cuentas.

Por último, según las palabras de Pedro, los dirigentes cristianos deben de ser en todo ejemplos para aquellos a los que sirven.

La Epístola a los Hebreos pide a los creyentes:

> Acordaos de vuestros pastores, que os hablaron la palabra de Dios; considerad cuál haya sido el resultado de su conducta e imitad su fe. (Heb 13:7).

Es decir, que el comportamiento —su conducta, su fe— de los dirigentes debe ser tal que pueda ser tenido en cuenta por aquellos a quienes gobiernan para ser imitado. Un poco más adelante, en el verso 17, se pide obediencia de los fieles, pero recordándoles que quienes los guían y gobiernan lo hacen con la responsabilidad de tener que dar cuentas ante Dios, quien juzgará su actuación: toda delegación implica necesariamente una rendición de cuentas. Por eso, ninguna persona que ejerza cualquier tipo de autoridad espiritual debe actuar como «señor», sino como un siervo que ha de dar cuentas al verdadero soberano: Dios.

Pero no completaríamos este tema si no lo contrapesáramos con la otra cara de la moneda: los dirigentes cristianos han de ser respetados por los fieles. Se les debe obediencia como dice el texto de Hebreos 13:17. Es una sumisión voluntaria, conforme al principio evangélico de «Someteos unos a otros en el temor de Dios» (Ef 5:21). Todos somos interdependientes, como lo son los miembros de un mismo cuerpo. Pablo recuerda a los creyentes en la ciudad de Tesalónica:

> Os rogamos, hermanos, que reconozcáis a los que trabajan entre vosotros y os presiden en el Señor y os amonestan. Tenedlos en mucha estima y amor por causa de su obra. (1 Ts 5:12).

Y a su discípulo e hijo adoptivo, Timoteo: «Los ancianos que gobiernan bien, sean tenidos por dignos de doble honor, mayormente los que trabajan en predicar y enseñar, pues la Escritura dice: "No pondrás bozal al buey que trilla" y "Digno es el obrero de su salario"» (1 Ti 5:17-18), texto en el que se habla de cierta responsabilidad de los creyentes con quienes Dios ha puesto para que los pastoreen, y esta responsabilidad se plasma en forma práctica en su sostenimiento económico.

Es un tema que preocupa al Apóstol, quien se sostenía con las ayudas que le llegaban de varias de las iglesias que había fundado a lo largo de sus viajes misioneros y que, cuando hacía falta, sabía ponerse a trabajar como fabricante de tiendas de campaña para financiar su labor evangelizadora. Por eso, también se dirige a los creyentes de la Iglesia en Corinto y les dice:

> ... tenemos derecho a que ustedes nos den lo necesario para vivir. Si otros tienen ese derecho, con más razón lo tenemos nosotros... Ustedes saben que los que trabajan en el templo viven de lo que hay en el templo... el Señor mandó que los que anuncian la buena noticia vivan de ese mismo trabajo. (SBU, Traducción en lenguaje actual, 1 Cor 9:12-14).

Esta enseñanza evangélica es difícil de entender y aceptar en un país como el nuestro, donde estamos acostumbrados a que a los ministros de culto —catolicorromanos, por supuesto— los ha mantenido el Estado durante siglos, aunque hoy se puede decir que lo hacen los fieles marcando la casilla correspondiente de su declaración de renta. El principio bíblico es que los ministros del culto cristiano deben ser mantenidos por los propios fieles a quienes atienden y, si estos son pocos y no alcanzan a tal menester, deben ser ayudados por otras comunidades de fieles o proveer ellos mismos para su sustento mediante su propio trabajo. Como ya hemos dicho, el ministerio cristiano es una vocación, no una profesión, aunque en algunos aspectos se lo pueda considerar como tal; y aunque debe ser remunerado como cualquier otro trabajo, no es la remuneración la que lo condiciona, sino el llamamiento sublime de parte de Dios.

CAPÍTULO 8

Conversión

Si hay una palabra inseparable de la experiencia cristiana es la palabra 'conversión'. La fe cristiana es una experiencia; no es algo que se hereda, sino que se vive o no se vive. Se heredan las formas, la cultura, la religión; pero ser cristiano es mucho más que eso; es producto de una determinada experiencia vivida en un momento concreto de la vida, en forma más o menos consciente, pero real y que lleva a tomar una decisión personal. Podremos nacer en una familia cristiana, pero andando el tiempo tendremos que «hacernos cristianos» en su pleno sentido, no solo asumir un legado de nuestros padres, una religión, sino experimentar una transformación espiritual singular que marcará la diferencia en forma notable y clara y optar por un modo de vida que es el que Cristo nos señaló como modelo. Esa experiencia se llama *conversión*.

Convertirse no es, como se suele entender, cambiar de religión, pasarse de una a otra. Es cierto que uno puede, habiendo sido cristiano, hacerse musulmán, o viceversa; y es cierto que se puede usar el término 'convertirse' para tal cambio, pero la conversión cristiana es algo mucho más profundo, con un significado más complejo.

El Evangelio de san Juan nos relata una conversación que tuvo Jesús con un reconocido y prestigioso dirigente religioso de Israel llamado Nicodemo.[1] Por el nombre entendemos que era un judío de cultura helénica, de los que solían ser conocidos como «los griegos». Cuenta el evangelista que este hombre, miembro de la secta de los fariseos, los más estrictos cumplidores de los requerimientos de la religión judaica, quiso entrevistarse con Jesús en forma discreta, por lo que escogió las sombras de la noche como protección para hacerlo. Al entablar conversación con Jesús le expresó su reconocimiento personal, pues entendía que sus hechos —las señales que hacía— eran los propios de un verdadero profeta. Sin embargo, Jesús no se afectó por el halago y le contestó, con un lenguaje figurado propio de los maestros de la época:

> De cierto, de cierto te digo que el que no nace de nuevo no puede ver el Reino de Dios. (Jn 3:3).

Esa expresión, «nacer de nuevo», sorprendió a Nicodemo y le hizo preguntar cómo era posible hacer tal cosa, a todas luces absurda. Jesús no hace sino insistir, aunque da a entender que su lenguaje es simbólico:

> De cierto, de cierto te digo que el que no nace de agua y del Espíritu no puede entrar en el Reino de Dios. Lo que nace de la carne, carne es; y lo que nace del Espíritu, espíritu es. No te maravilles de que te dije: «Os es necesario nacer de nuevo». (Jn 3:5-7).

---

[1] Juan 3:1-15.

Si queremos entender el mensaje de la Biblia, tenemos que entender su lenguaje, su manera particular de comunicar, como ocurre con cualquier obra literaria. Este pasaje está lleno de símbolos, de metáforas, de figuras: nacer, agua, carne... Jesús le reprocha que siendo maestro de Israel, un rabino prestigioso, no supiera de qué le estaba hablando o no entendiera su lenguaje espiritual. Jesús le estaba hablando de conversión, de un milagro que se produce en las personas por la acción del «agua» y del Espíritu. La mención al Espíritu es explícita; pero el agua, ¿a qué se refiere? Es evidente que aquí el agua es un símbolo. Muchos dirán que está hablando del bautismo, pero este es igualmente un símbolo y simbolizar un símbolo con otro símbolo parece excesivo para que sea la interpretación correcta. Lo mejor es recurrir a otros contextos más amplios para intentar alcanzar alguna conclusión mejor. En su prólogo al Evangelio, Juan declara que el verbo —el logos, la palabra o razón— preexistente, eterno y divino tomó forma humana en Jesucristo. Vino a los judíos, pero fue rechazado por ellos en forma genérica. «Pero —añade— a todos los que le recibieron, a quienes creen en su nombre, les dio potestad de ser hechos hijos de Dios. Estos no nacieron de sangre, ni por voluntad de varón, sino de Dios» (Jn 1:12-13). Hay una obra o acción divina que nos hace nacer en la familia de Dios. En ese nacimiento no intervienen «la sangre» o «la carne», metonimias para designar la naturaleza humana; ni tampoco «la voluntad de varón», como sucede con los hijos naturales, producto del deseo o la voluntad de un hombre y una mujer que se unen a tal efecto. La conversión es un acto divino, es decir, algo milagroso por naturaleza. Por otro lado, san Pablo escribe a los cristianos de la ciudad de Éfeso y les dice:

> Cristo amó a la Iglesia y se entregó a sí mismo por ella, para santificarla, habiéndola purificado en el lavamiento del agua por la palabra. (Ef 5:25).

En este pasaje se relaciona el agua purificadora con la palabra de Dios. Pero quizá sean las palabras del apóstol Pedro las que nos den luz definitiva sobre el significado del símbolo del agua:

> … pues habéis renacido, no de simiente corruptible, sino de incorruptible, por la palabra de Dios que vive y permanece para siempre (…) Y esta es la palabra que por el Evangelio os ha sido anunciada. (1 P 1:23, 25).

El mensaje evangélico iluminado por el Espíritu Santo produce en el corazón de la persona la fe que desencadena el milagro de la conversión, porque «la fe es por el oír, y el oír, por la palabra de Dios» (Ro 10:17).

Pablo hace recordar a los creyentes de Tesalónica su experiencia cristiana escribiéndoles:

> …os convertisteis de los ídolos a Dios, para servir al Dios vivo y verdadero y esperar de los cielos a su Hijo. (1 Ts 1:9).

El verbo traducido por «convertirse» significa en griego «volverse». Cada vez que la Biblia habla de conversión es un «volverse a Dios», tal como nos dice Isaías:

> Deje el impío su camino y el hombre inicuo sus pensamientos, y vuélvase al Señor, el cual tendrá de él misericordia, al Dios nuestro, el cual será amplio en perdonar. (Is 55:7).

Volvernos a Dios significa regresar al propósito original que Dios ha tenido siempre para con sus criaturas. Mediante la conversión superamos las carencias de nuestra condición humana natural para disfrutar de una nueva naturaleza espiritual que nos permitirá vivir de otra manera. Es lo que veremos en el próximo capítulo. Pero mientras llegamos a ese punto, seguiremos profundizando en este tema. La conversión implica volverse a Dios, como el hijo pródigo de la parábola regresó a la casa de su padre tras haber malgastado y arruinado su vida. Implica el abandono del «camino» propio, es decir, de la manera habitual de proceder de acuerdo con sus pensamientos, su ideología o filosofía de vida. Aquí está el problema. Y significa acogerse a la bondad de Dios, que está dispuesto a tener misericordia y perdonar. Convertirse significa cambiar de vida. San Pablo lo expresa bien en su Carta a los Romanos, hablando del bautismo cristiano:

> Los que hemos muerto al pecado, ¿cómo viviremos aún en él? ¿O no sabéis que todos los que hemos sido bautizados en Cristo Jesús hemos sido bautizados en su muerte? Porque somos sepultados juntamente con Él para muerte por el bautismo, a fin de que como Cristo resucitó de los muertos por la gloria del Padre, así también nosotros andemos en vida nueva. (Ro 6:2-4).

El bautismo es el símbolo de la vida nueva del cristiano. Es por definición una inmersión en agua[2] que figura una experiencia espiritual vivida previamente. En la Iglesia primitiva se bautizaban los nuevos convertidos. El bautismo de infantes es una práctica posterior,[3] y no vamos a valorar aquí extensamente su uso, porque no entra en los objetivos de esta obra. El protestantismo lo rechaza mayoritariamente, con algunas excepciones, por considerar que su significado se falsea cuando

---

[2] El verbo griego *baptizo* significa sumergir.
[3] El bautismo de infantes es una práctica bastante antigua. Hoy la siguen la Iglesia católica romana, las Iglesias ortodoxas y, dentro del protestantismo, las Iglesias más tradicionales, como la luterana, las reformadas, y la Iglesia anglicana. Las Iglesias de la llamada *reforma radical* denunciaron tal práctica como extraña a las enseñanzas bíblicas, recuperando el bautismo por inmersión, hoy practicado por todo el sector protestante reconocido como *evangélico*.

se administra a criaturas que aún no son culpables de ningún pecado, de quienes dijo el mismo Jesús «de ellos es el Reino de los cielos». También fue Él quien mandó bautizar a los que creyeran, premisa que no se da en los niños recién nacidos. Lo cierto es que el bautismo es, como hemos dicho, una representación de algo que ha sucedido en la vida de la persona que se bautiza: representa una muerte, un enterramiento y una resurrección, tal como nos lo dice el texto de Romanos. El creyente, espiritualmente, ha muerto al pecado, como afirma Pablo:

> ... sabiendo esto, que nuestro viejo hombre fue crucificado juntamente con él, para que el cuerpo del pecado sea destruido, a fin de que no sirvamos más al pecado, porque, el que ha muerto ha sido justificado del pecado. (Ro 6:6-7).

La persona muerta no puede ser juzgada por los delitos cometidos en vida, ni puede seguir delinquiendo. El «viejo hombre» hace referencia a la persona que éramos antes de nuestra conversión. Cuando esta experiencia es real, quien éramos antes ha muerto. Y a los muertos corresponde enterrarlos. Es lo que se simboliza cuando la persona que se bautiza es sumergida bajo el agua en el bautismo. Esa persona ha quedado atrás, en el pasado, enterrada para no volver. Y quien sale del agua es una nueva persona. Lo explica el Apóstol en un texto muy elocuente que dedica a los creyentes de Corinto:

> De modo que, si alguno está en Cristo, nueva criatura es: las cosas viejas pasaron; todas son hechas nuevas. (2 Cor 5:17).

Esta es la experiencia del cristiano nacido de nuevo. Esa es la realidad de una conversión real a Cristo: una persona distinta. Y es el testimonio de muchos que habiendo sido malas personas, delincuentes o basuras humanas, han cambiado en forma radical su manera de vivir. También los que se tienen por gente de bien —*les braves gens*, que satirizaba Brassens en sus canciones— necesitan vivir una experiencia de conversión, porque, como decía Jesús, «no hay bueno ni aun uno». No es un lavado de cerebro, ni el efecto de haber sucumbido a ninguna secta peligrosa, ni una reforma pasajera: es el milagro de la conversión.

La pregunta es: ¿en verdad podemos vivir esa experiencia hoy?

La respuesta es afirmativa. Hay muchas maneras de vivir una experiencia de conversión a Dios. Cada persona puede vivir la suya de manera única, pero quienes estamos acostumbrados a trabajar con almas solemos aconsejar a quienes desean reconciliarse con Dios que hagan algunas cosas sencillas, lo que implica una decisión. La vida se construye o se destruye a base de decisiones. Las malas decisiones, aquellas que significan errores históricos en nuestra vida, la perjudican y la destruyen. Pero las acertadas van edificando poco a poco una vida feliz. Algunas de estas decisiones felices tienen que ver con nuestro destino eterno: la salvación, de la que ya hemos hablado. Una expresión hermosísima de esta felicidad posible son las conocidas como «bienaventuranzas», que Jesús proclamó en su famoso sermón del monte:

Bienaventurados los pobres en espíritu, porque de ellos es el Reino de los cielos.

Bienaventurados los que lloran, porque recibirán consolación.

Bienaventurados los mansos, porque recibirán la tierra por heredad.

Bienaventurados los que tienen hambre y sed de justicia, porque serán saciados.

Bienaventurados los misericordiosos, porque alcanzarán misericordia.

Bienaventurados los de limpio corazón, porque verán a Dios.

Bienaventurados los pacificadores, porque serán llamados hijos de Dios.

Bienaventurados los que padecen persecución por causa de la justicia, porque de ellos es el Reino de los cielos.

Bienaventurados seréis cuando por mi causa os insulten, os persigan y digan toda clase de mal contra vosotros, mintiendo.

Gozaos y alegraos, porque vuestra recompensa es grande en los cielos, pues así persiguieron a los profetas que vivieron antes de vosotros.

La palabra 'bienaventurado' es la traducción de la griega *makarios*, que significa 'feliz'. Y cada una de estas expresiones es la clave para una verdadera felicidad. El materialismo y hedonismo imperante en nuestra cultura occidental actual opinan todo lo contrario y fundamentan la felicidad humana en el disfrute de determinados privilegios de las sociedades más desarrolladas, a veces a costa de otras que lo son menos y que les proporcionan a bajo precio los recursos que aquellas necesitan para mantener su «*way of life*». La realidad muestra la gran frustración que se vive en esos medios donde la verdadera religión imperante es el consumismo desenfrenado. Este sistema está haciendo crisis en estos momentos. Los valores expuestos en las bienaventuranzas siguen vigentes.

¿Qué hacer, pues?

Quien quiere ponerse en paz con Dios y vivir el milagro de la conversión debe haber estado previamente expuesto al mensaje del Evangelio y a la acción del Espíritu Santo, que es quien, en suma, producirá el milagro. Esa combinación dinámica de «palabra de Dios» y «Espíritu Santo» producirá el cambio en nuestra vida, la transformación que necesitamos. Por eso dice san Pablo que «el Evangelio es poder de Dios para salvación de todo aquel que cree» (Ro 1:16). El cómo una persona puede ser expuesto a estos agentes divinos transformadores es diverso: por la lectura personal de las Escrituras, o por escuchar un mensaje de la palabra de Dios, por el testimonio de otra persona que le comparte su propia experiencia, su testimonio... No importa la forma; lo importante es que Dios toque el corazón —el centro neurálgico de la persona— y la mueva a tomar una decisión positiva frente al mensaje que se le presenta.

Lo primero que uno descubre cuando recibe el mensaje del Evangelio en forma sencilla, desprovisto de todos los aditamentos que a veces la religión le añade restándole claridad y eficacia, es que estamos necesitados, porque nos encontramos en una situación de condenación ante Dios: somos culpables de infinitas maldades —pecados— a lo largo de nuestra vida. Y de esto no hay quien se libre, pues, como explica el Apóstol Pablo a los romanos, «todos pecaron y están destituidos de la gloria de Dios» (Ro 3:23), texto que muestra nuestra propia incapacidad de alcanzar lo que Dios nos ofrece por nuestros propios recursos o medios, sean estos méritos o esfuerzos de cualquier naturaleza. Afortunadamente, los textos bíblicos no están aislados, sino que forman parte de un mensaje completo y el Apóstol añade:

> ... Son justificados gratuitamente por su gracia, mediante la redención que es en Cristo Jesús, a quien Dios puso como propiciación por medio de la fe en su sangre, para manifestar su justicia, a causa de haber pasado por alto, en su paciencia, los pecados pasados, con miras a manifestar en este tiempo su justicia, a fin de que él sea el justo y el que justifica al que es de la fe de Jesús. (Ro 3:24-26).

Ninguno de nosotros puede aparecer como suficientemente justo delante de Dios basado en nuestros propios méritos; es

Él mismo quien puede «hacernos aparecer como justos» de forma gratuita, pues el precio lo pagó Jesús en la cruz al ofrecer su vida en lugar de la nuestra. Aceptar ese hecho es «la fe» referida cuando se habla de salvación por la fe y no por las obras. No es el mero creer o asentir que Dios existe lo que nos salva. Es la confianza puesta en la acción de Dios lo que cambia nuestra condición.

Negar la salvación por la fe por considerarla una enseñanza protestante es negar lo que dice el Nuevo Testamento que declara abiertamente por boca de san Pablo:

> Sabiendo que el hombre no es justificado por las obras de la Ley, sino por la fe de Jesucristo, nosotros también hemos creído en Jesucristo, para ser justificados por la fe de Cristo y no por las obras de la Ley, por cuanto por las obras de la Ley nadie será justificado. Ahora bien, si buscando ser justificados en Cristo también nosotros resultamos ser pecadores, ¿es por eso Cristo ministro de pecado? ¡De ninguna manera! Porque si las cosas que destruí, las mismas vuelvo a edificar, transgresor me hago. (Ga 2:16-18).

El texto es suficientemente claro: «por las obras de la Ley nadie será justificado». Ratzinger —Benedicto XVI— parece estar de acuerdo con ello, tal como hemos visto anteriormente, y muchos otros teólogos católicos también. Con todo, es la Biblia quien lo afirma.

'Fe' significa «creer a Dios», más que «creer en Dios», cosa que hacen según nos dice Santiago los mismos demonios.[4] Es Santiago también quien nos pondrá los puntos sobre las íes para explicarnos que la fe verdadera se traduce en obras prácticas que son su fruto natural, porque si estos frutos no existen, la evidencia es que la supuesta fe está muerta. Así que lo pri-

---

4 Santiago 2:19.

mero es mostrar arrepentimiento por nuestro alejamiento de Dios, por nuestra vida de fallos y errores. La mejor ilustración para esto la tenemos en la parábola del hijo pródigo, en Lucas 15. Tras arruinar su vida, el hijo recapacita y toma una decisión:

> ¡Cuántos jornaleros en casa de mi padre tienen abundancia de pan, y yo aquí perezco de hambre! Me levantaré e iré a mi padre, y le diré: «Padre, he pecado contra el cielo y contra ti. Ya no soy digno de ser llamado tu hijo; hazme como a uno de tus jornaleros». Entonces se levantó y fue a su padre. (Lc 15:17-19).

Este joven estaba arruinado, física, material y espiritualmente. El primer paso para solucionar cualquier mal es reconocerlo. El segundo paso es decidir actuar, no conformarse ni resignarse. La resignación, como ya se ha dicho, no es una virtud cristiana, sino islámica: aceptar la fatalidad del destino. Jesús nos enseñó a actuar:

> Venid a mí —dijo— todos los que estáis trabajados y cargados, que yo os haré descansar. (Mt 11:28).

En vez de resignarnos con un supuesto destino fatal, podemos reaccionar y vencer nuestras circunstancias, mucho más cuanto que contamos con la ayuda de Dios para salir de las situaciones adversas de la vida. No es una ilusión ficticia, sino una realidad que puede vivir quien tiene la fe que mueve montañas.

Al arrepentimiento le sigue el perdón de los pecados, concedido directamente por Dios. La confesión auricular es una práctica de la Edad Media y no está en la Biblia, aunque es cierto que la confesión es una práctica bíblica y cristiana. Cuando la gente acudía a ser bautizada por Juan en el Jordán, lo hacía confesando sus pecados. También fue la experiencia de los que se convirtieron en Éfeso por la predicación de Pablo, como nos refiere el Libro de los Hechos:

> Muchos de los que habían creído venían, confesando y dando cuenta de sus hechos. (Hch 19:18).

Lo que varía es el formato y el carácter de la confesión. En estos casos era una reacción espontánea y voluntaria de quienes habían respondido positivamente al mensaje: lo hacían públicamente, como testimonio del cambio operado en sus vidas.

En cuanto a Dios, nuestro perdón está asegurado por las Sagradas Escrituras: si decimos que no tenemos pecado, nos engañamos a nosotros mismos y la verdad no está en nosotros; si confesamos nuestros pecados, Él es fiel y justo para perdonar nuestros pecados y limpiarnos de toda maldad.

> Hijitos míos, estas cosas os escribo para que no pequéis. Pero si alguno ha pecado, abogado tenemos para con el Padre, a Jesucristo, el justo. Él es la propiciación por nuestros pecados, y no solamente por los nuestros, sino también por los de todo el mundo. (1 Jn 2:1-2).

La confesión referida aquí era la que practicaban los primeros cristianos, pues aún no se había establecido el modelo medieval que conocemos como *confesión auricular*. Si nuestros pecados son privados, privadamente hemos de confesarlos a Dios. Si implican haber dañado u ofendido a alguien, a ese alguien debemos confesarle que hemos actuado mal y solicitar su perdón. Si son públicos, públicamente habremos de manifestar nuestro arrepentimiento y pedir perdón. Pero el sentido del texto es que nuestros pecados encuentran perdón en Jesucristo, nuestro abogado defensor. No es que no importe lo que hayamos hecho, que Dios prevarique dando por bueno lo malo, lo cual no es posible, por cuanto Dios es justo. Se trata de que si Jesús ocupó nuestro lugar haciéndose culpable por nosotros, ya no nos toca pagar. San Pablo, compartiendo con los judíos en la sinagoga de Antioquía de Pisidia, en su primer viaje misionero, les dijo:

> Sabed, pues, esto, hermanos: que por medio de Él se os anuncia perdón de pecados, y que de todo aquello de que no pudisteis ser justificados por la Ley de Moisés, en Él es justificado todo aquel que cree. (Hch 13:38).

La única condición es creer en Jesucristo, lo que implica todo lo que hemos venido diciendo: arrepentimiento —dar media vuelta, cambiar de rumbo en la vida—, confesión directa de nuestros pecados a Dios, y a los hombres en lo que corresponda, confiar en su perdón. Dicen los detractores de esta forma de confesión que así es muy fácil, que lo difícil es hacerlo frente al confesor. Lo único fácil es engañarse a sí mismo, sea a solas o con otra persona. Al confesarse directamente uno con Dios, ¿a quién creemos que podemos engañar? ¿O acaso somos estúpidos? Me consta que quienes lo hacen con un confesor no son siempre lo debidamente sinceros. No obstante, si alguno no lo es, le queda la conciencia, a la que nadie puede engañar, a menos que la tenga cauterizada, en cuyo caso esta es ciega e insensible, y lo mismo da que da lo mismo.

A Dios no se le puede engañar, y engañarse a sí mismo es una necedad. Hablamos de realidades, no de ficciones. Arrepentimiento verdadero, confesión genuina y sincera ante Dios, decisión firme de vivir conforme a la palabra de Dios. El perdón es cosa de Dios, quien nos otorga su gracia y su poder para no reincidir. Trataremos ese asunto en el próximo capítulo cuando hablemos de vida cristiana, que es la continuación del perdón y la vida transformada.

A modo de resumen, para facilitar las cosas, sugerimos brevemente los pasos a dar en este proceso que es la conversión:

— Se comienza oyendo el mensaje del Evangelio, la palabra de Dios.

— Sigue reconocer nuestra flaqueza y debilidad como seres humanos, nuestra necesidad como pecadores que somos.

— Debemos entender que nada podemos hacer por nosotros mismos, que nuestras obras no son suficientes, no llegan a la altura de las demandas de Dios. Necesitamos la gracia de Dios, una amnistía espiritual que borre nuestro pasado culpable.

— Quien nos puede salvar es Jesucristo, que para eso fue enviado a morir en nuestro lugar.

— Se requiere de nosotros un acto de fe, esto es:
  • pedir perdón a Dios;
  • confiar en que Él está dispuesto a perdonarnos y olvidar nuestros pecados;
  • creer que lo que Jesucristo hizo en la cruz es suficiente, que no podemos ni tenemos que hacer nada por nosotros mismos, salvo aceptar su gracia y su perdón.

— Tomar la decisión de cambiar de rumbo en la vida, siguiendo las enseñanzas de Jesús, nuestro maestro.

— Orar a Dios pidiendo que Él obre en nosotros el milagro de la conversión. Nada lograremos si no es con su ayuda.

— Entregar a Cristo la propia vida, para que Él sea nuestro guía y maestro a partir de ese momento.

Muchos han hecho todo esto de alguna manera, pues no hay una forma única ni una fórmula; lo han hecho a solas, o con alguien que les ha guiado; como respuesta a algún llamamiento tras un mensaje poderoso de la palabra de Dios o tras leer algún pasaje de las Escrituras que les ha tocado profundamente. En cualquier modo, es la obra del Espíritu Santo. No son los formalismos, por mucho valor que estos puedan tener, los que obran en nosotros las obras de Dios, sino las realidades que se operan por fe en la dimensión del Espíritu.

Mi deseo es que el lector, si no ha vivido una experiencia real de conversión, pueda tenerla por sí mismo, con la sola ayuda de Dios, quien, como el padre del hijo pródigo, está esperando que volvamos al hogar paterno. Jesús dijo:

Yo soy el camino, y la verdad, y la vida. Nadie viene al Padre si no es por mí. (Jn 14:6).

CAPÍTULO 9

Vida cristiana

Habiendo tratado el tema de la salvación (cap. IV) y el de la conversión (cap. VIII), necesariamente hemos de ocuparnos de la consecuencia lógica de ambas: la vida cristiana. La conversión a Cristo nos lleva a poder disfrutar la salvación desde el momento presente, pues aunque tiene su dimensión futura en la eternidad, es una experiencia que se vive de forma muy clara en esta vida. Relegar la salvación solo para el más allá es desconocer totalmente lo que es el Evangelio. Su mensaje nos hace superar el pasado, nos permite vivir un presente transformado y nos proporciona esperanza y seguridad para el futuro.

Ser cristiano es mucho más que poseer un tipo de creencia. Es vivir una «vida nueva», diferente, animada por el poder de Dios. Si se entiende bien lo que enseñan las Escrituras, el supuesto conflicto entre fe y obras desaparece, como ha de desaparecer el que parece enfrentar fe y ciencia. Son conflictos que se alimentan de nuestra ignorancia y, por qué no decirlo, de nuestra mala fe. Olvidemos nuestros prejuicios y abordemos las cosas con serenidad y una mente abierta.

Para una persona que está pereciendo en cualquier tipo de situación límite, lo primero es acudir en su socorro y lograr su rescate. Después se podrán resolver otros asuntos, pero lo primero es lo primero. Jesús vino para conseguir la salvación del género humano y esto, individuo a individuo, porque la salvación es personal e intransferible. En los Evangelios, Jesús trata con multitudes, pero de entre la multitud sabe fijarse en los individuos y atenderlos personalmente, conforme a la necesidad de cada cual: al paralítico, su invalidez, a la vez que se ocupa de su alma; al ciego, de su ceguera y sus consecuencias psicosociales; a la viuda, devolviéndole a su hijo, que era lo único que le quedaba, su único apoyo en la vida, haciendo que volviera a ella, etcétera. Cuando acogió a la mujer sorprendida en adulterio y puesta como una trampa ante Él, después de hacer valer su «ni yo te condeno», la despidió con un firme: «vete y no peques más».[1] Las mismas palabras que había dirigido al tullido del estanque de Betesda.[2] La salvación es gratuita, no hay que hacer nada para merecerla; no es cuestión de obras que pudiéramos hacer o amontonar para obtenerla. En cierta ocasión la gente preguntó a Jesús: «¿Qué debemos hacer para poner en práctica las obras de Dios?». La gente le había buscado con interés después de haber vivido el milagro de la multiplicación de los panes en una zona desértica. La gente le seguía, aunque Jesús no se llevaba a engaño con aquellas multitudes —las mismas que más tarde gritarían con odio «¡Crucifícale! ¡crucifícale!»— pues sabía que muchos le buscaban por interés, impulsados por motivaciones egoístas, y no porque realmente estuvieran interesados en su mensaje redentor. La respuesta

---

[1] Este episodio está narrado en el Evangelio según San Juan, capítulo 8, versículos 1 al 11.
[2] Jn 5:1-14.

que Jesús les dio a aquella pregunta aparentemente bienintencionada fue: «Esta es la obra de Dios, que creáis en aquel que Él ha enviado».[3]

Pero tras la salvación gratuita, don precioso de Dios en Jesucristo, viene el «vete y no peques más». Tras la salvación por fe, sin obras, viene la vida de fe, con las obras como fruto, la cual es imposible de vivir sin haber nacido a una vida nueva en el Espíritu, único capaz de producir esos frutos. Por eso Santiago nos dice:

> Hermanos míos, ¿de qué aprovechará si alguno dice que tiene fe y no tiene obras? ¿Podrá la fe salvarlo? (…) Así como el cuerpo sin espíritu está muerto, también la fe sin obras está muerta. (Stg 2:14, 26).

Si la conversión ha sido genuina y no tan solo una expresión de carácter intelectual o emocional, el resultado no puede ser otro que el esperado. La enseñanza de Jesús es clara al respecto:

> Si el árbol es bueno, su fruto es bueno; si el árbol es malo, su fruto es malo, porque por el fruto se conoce el árbol. (Mt 12:33).

No puede ser de otra manera. El cristianismo está radicalmente ligado a una ética cuya fuente está en la palabra de Dios a la que Jesús dotó de su dimensión precisa en su sermón del monte, ampliamente reseñado por el evangelista Mateo en su Evangelio (caps. 5-7). En este amplio discurso, Jesús, además de las bienaventuranzas, mencionadas previamente, trata multitud de temas cotidianos, basándose en lo que enseñaron otros de antiguo, pero dándoles un nuevo giro interpretativo

---

[3] El pasaje completo está en el capítulo 6 del Evangelio según San Juan.

mucho más profundo y radical, en ocasiones, con un alcance inesperado para aquellas mentes tan acostumbradas a una religión fuertemente formal.

Pablo, en su Carta a los Gálatas, tratará temas relacionados con la Ley[4] y con la gracia. Resaltará enfáticamente que la salvación no se obtiene por cumplir la Ley, cosa por otro lado imposible. Mencionará lo que nuestra propia naturaleza puede producir: las obras de la carne.[5]

> Manifiestas son las obras de la carne, que son: adulterio, fornicación, inmundicia, lujuria, idolatría, hechicerías, enemistades, pleitos, celos, iras, contiendas, divisiones, herejías, envidias, homicidios, borracheras, orgías, y cosas semejantes a estas. En cuanto a esto, os advierto, como ya os he dicho antes, que los que practican tales cosas no heredarán el Reino de Dios. (Gal 5:19-21).

Manifestaciones todas típicas y populares que gozan de gran prestigio social hoy en día. Habrá seguro quien diga: «¡Bah, ideas cristianas!», como dijo un político de responsabilidad hablando del perdón hacia los terroristas, al que quitó importancia por ser precisamente un concepto cristiano y, por

---

[4] La Ley aquí se refiere a la Torah, la Ley de Moisés, y más que como enumeración de preceptos y prohibiciones, como sistema de trato entre Dios y los seres humanos. La gracia, por otro lado, es igualmente la nueva norma de trato o dispensación por la que Dios, pasando por alto los errores del pasado, está dispuesto a perdonar a la persona, basándose en la obra expiatoria de Jesús. Este beneficio se ofrece gratuitamente —sin aportación de méritos propios, por otro lado inexistentes— a todos los que se atreven a confiar en la misericordia de Dios y se acogen a su perdón.

[5] La carne, en la terminología bíblica, además de la materia que compone nuestro cuerpo, como metonimia expresa un concepto teológico que hay que entender: se refiere a nuestra naturaleza humana decadente, a nuestras bajas pasiones y tendencias pecaminosas que acaban produciendo en nosotros las obras típicas que ofenden a Dios, dañan a quienes las practican y perjudican a las personas de alrededor.

tanto, según parecía querer decir, de escaso valor para la vida real. Cada cual es libre de opinar como quiera, pero la realidad es que nuestro vivir diario está lleno de estas lacras. Basta mirar a los periódicos o los noticieros televisivos, consultar las estadísticas, considerar lo que ocurre a nuestro alrededor, a menos que no nos sintamos afectados:

Adulterios

Las infidelidades en las parejas están a la orden del día. Multitud de rupturas y divorcios son originados por la infidelidad de alguno de los cónyuges. Esas parejas, supuestamente modernas, que conviven aceptando las infidelidades mutuas porque les sustenta un amor puro, son una invención del cine y la televisión.

Fornicación, inmundicia

A pesar de la patológica sexualización de todo cuanto nos rodea y de las infinitas variedades de prácticas sexuales hoy admitidas y potenciadas socialmente, se sigue considerando punible —al menos de momento— la prostitución infantil, el turismo sexual, la pederastia, la pornografía infantil, la violencia sexual, la explotación sexual de las personas, etcétera. Son infinidad los que buscan poder disfrutar de tales prácticas. Se consideró mayoritariamente inadecuado que un presidente de los EE. UU. se «aprovechara» de una becaria avispada con la que practicó sexo traicionando a su mujer. El presidente del Fondo Monetario Internacional arruinó su brillantísima carrera con un *affaire* que después resultó que no era sino la muestra de un hábito patológico del que todavía aparecen muestras de las que responder ante la justicia. ¿Es posible que esto se deba a que todavía persiste una moral puritana impuesta de la que la sociedad aún no ha podido librarse, o se debe a que, de hecho, hay acciones y prácticas degradantes a las que los teólogos llaman 'pecado'?

Lujuria

Muchas mujeres se quejan de acoso en el trabajo, de miradas sucias que algunos hombres —y también mujeres— les dirigen, faltándoles al respeto. La publicidad está invadida de imágenes y mensajes que apelan a los más bajos instintos del ser humano, degradándole como hombre o como mujer. Muchos anuncios son denunciados por esa razón y son retirados de las cadenas que los emiten.

Idolatría

Además del culto popular a las imágenes a las que se adjudican poderes milagrosos, el mundo entero tiene sus ídolos (a veces reconociéndolos así, sin pudor alguno): los famosos y famosillos, a quienes muchos admiran y siguen con devoción. La diosa razón, que ha producido y produce monstruosidades como la limpieza étnica, los genocidios, la búsqueda de una raza superior, etcétera. El dinero, acumulable hoy mediante la especulación global a costa de la ruina de millones de seres humanos... La lista no tiene fin.

Hechicerías

La magia negra y el satanismo prosperan. El espiritismo llega a ser hasta popular. El tarot, la adivinación en sus múltiples manifestaciones, sean fraude o realidad, están de moda. Basta encender el televisor.

Enemistades, pleitos, celos, iras, contiendas, divisiones, herejías, envidias

Enfermedades todas estas de las relaciones humanas, y no parece que estemos en el mejor momento histórico a este respecto. Miremos a nuestro alrededor. Guerras, violencia, sociedades divididas y enfrentadas, abusos, etcétera.

Homicidios

Mencionaré en primer lugar la lacra de la violencia contra las mujeres. «¿Hasta cuándo?» clama una sociedad que no cree ya en los valores básicos. La estadística no se para. No hay semana que no nos traiga un nuevo caso en nuestro país. Pero es algo generalizado, sucede por el mundo entero. Y los crímenes que se suceden por dondequiera, asesinatos, genocidios, atentados criminales perpetrados por terroristas o por sicópatas… La vida vale poco para muchos. ¿Es este, pues, un concepto meramente cristiano? ¿No es la vida humana un valor universal? ¿Quien la quita a otro ser humano, no es un criminal?

Borracheras y orgías

Se habla de los problemas del alcohol, de los abusos de consumo, de las botellonas; de las drogas, de todo este tipo de excesos. Será porque el mal y la maldad existen. Nuestras sociedades están enfermas. El modelo hedonista de sociedad hace aguas por todas partes. Todo el mundo lo reconoce; nadie hace nada por evitarlo.

… Y cosas semejantes

¿Qué diremos de las mentiras de las empresas para vender sus productos, de la publicidad engañosa, de los abusos contra los consumidores, de las trampas bancarias, de la corrupción de muchos políticos y hombres y mujeres de negocios? Las estafas y las injusticias crecen hasta niveles inconmensurables en nuestras sociedades superdesarrolladas y más avanzadas tecnológicamente.

¿Existen, pues, estas malas prácticas que la palabra de Dios llama «obras de la carne»? No parece que sea necesario insistir demasiado en el sí. Son una realidad cotidiana con la que nos enfrentamos y que sufrimos pensando a veces que constituyen algo irremediable. Ciertamente no son sino la manifestación de la naturaleza humana, viciada por el pecado, esa semilla maligna que nos infecta por el simple hecho de ser seres humanos. Ningún gobierno, ni partido político, y ni siquiera religión, puede cambiar tal realidad: solo una conversión genuina a Cristo puede hacerlo en los individuos y, en la medida que estos aumenten en número, a los grupos humanos más amplios.

Quien ha vivido una experiencia de conversión puede, sin embargo, dar libertad al Espíritu de Dios en su vida y producir, de manera natural los «frutos del Espíritu»:

> Pero el fruto del Espíritu es amor, gozo, paz, paciencia, benignidad, bondad, fe, mansedumbre, templanza; contra tales cosas no hay ley. Pero los que son de Cristo han crucificado la carne con sus pasiones y deseos. Si vivimos por el Espíritu, andemos también por el Espíritu. (Gal 5:22-25).

Esas son las obras que el cristiano tiene que producir. Lo hará, no por su esfuerzo personal y fuerza de voluntad, como tantas veces se nos ha tratado de enseñar, sin que obtengamos resultados positivos aceptables, sino que será por la obra del Espíritu en nosotros. Ahí está lo sobrenatural.

Esto nos lleva a plantearnos una nueva cuestión: ¿se trata de una moral impuesta? ¿Hemos de entender la vida cristiana como un sistema rígido de normas y leyes, mandamientos y prohibiciones que condicionen nuestra libertad? Entenderlo así sería no haber entendido nada. El comportamiento cristiano es el resultado de una experiencia de conversión; por tanto, no se puede imponer a nadie. No se le puede exigir al manzano que dé naranjas. O es producto natural, o no es.

El cristiano sabe que vive en una sociedad adversa, donde muchos piensan y viven de otra manera. Las leyes civiles han de ser justas, cosa que no siempre consiguen, pero no podemos pretender que todos, en una sociedad plural como la nuestra, vivan conforme a nuestros principios cristianos. La sociedad en la que vivimos tampoco puede pretender imponer su «moral» y obligar a los creyentes a aceptar lo que les es inaceptable por sus propios principios. El respeto ha de ser mutuo. El Estado legislará según las mayorías que gobiernan, y el creyente tendrá que actuar en conciencia cuando le toque elegir a sus representantes, sopesando las distintas opciones y actuaciones, y las consecuencias de sus apoyos, que deberá gestionar con responsabilidad ciudadana y discernimiento cristiano.

Pero el creyente tiene que vivir diariamente siendo consecuente con su fe, de acuerdo con los principios en los que dice creer. Su forma de actuar debe estar en armonía con lo que dice para ser coherente. No hay mensaje más poderoso que el ejemplo ni más demoledor que la falta de coherencia.

Muchas fueron las enseñanzas de Jesús respecto al comportamiento de sus verdaderos discípulos, es decir, de sus seguidores. Las cartas de los apóstoles están igualmente llenas de alusiones a la vida práctica de los creyentes. En una de ellas, la primera que escribió el apóstol Juan, se nos amonesta con las siguientes palabras:

El que dice: «Yo lo conozco», pero no guarda sus mandamientos, el tal es mentiroso y la verdad no está en él. Pero el que guarda su palabra, en ese verdaderamente el amor de Dios se ha perfeccionado; por esto sabemos que estamos en Él. El que dice que permanece en Él, debe andar como Él anduvo. (1 Jn 2:4-6).

Si quieres vivir como un verdadero cristiano, primero tienes que vivir la experiencia de la conversión para hacer posible una nueva realidad: la presencia de Dios en tu vida por medio de su Espíritu Santo. Después, la palabra de Dios te irá instruyendo en qué consiste una vida cristiana consecuente, entendiendo que la ley que rige no es la del precepto y la prohibición, sino la de la libertad cristiana:

El Señor es el Espíritu; y donde está el Espíritu del Señor, allí hay libertad. Por tanto, nosotros todos, mirando con el rostro descubierto y reflejando como en un espejo la gloria del Señor, somos transformados de gloria en gloria en su misma imagen, por la acción del Espíritu del Señor. (2 Cor 3:17-18).

Esta libertad no es la facultad de hacer lo que a uno le da la gana, sino la posibilidad de actuar correctamente de manera natural y espontánea, porque sale de dentro y no por imposición de nadie. Cuando el comportamiento es impuesto, lo único que se obtiene es gente que hace un papel —hablando en plata, gente hipócrita— que vive una forma de religiosidad más o menos aparente, pero carente de toda fuerza moral; «apariencia de piedad», que dirá san Pablo a Timoteo, cuya eficacia es nula (2 Tm 3:5).

Vivir la vida cristiana según los criterios evangélicos no quiere decir que el creyente tenga que recluirse o convertirse en una persona huraña y enemiga del mundo en general. El creyente no es un místico, ni un asceta. No puede ser un fanático, ni un sectario, ni un extremista. No se dedica a juzgar a los demás porque cree que su comportamiento es mejor que el del otro. No discrimina ni desprecia a los que son distintos, ni trata de imponerles su ley. Es un ser normal que vive como todo el mundo. La diferencia está en sus sentimientos, su filosofía de vida y en determinados comportamientos éticos. Pero el creyente, sea hombre o mujer, joven o mayor, desarrolla una vida normal dentro de la comunidad o la sociedad civil: trabaja, estudia, cumple con sus obligaciones familiares, laborales o cívicas, descansa, disfruta de la vida, comparte, llora, ríe, duerme, etcétera.

Podemos sugerir, sin embargo, ciertos hábitos que le ayudarán en su vivir diario:

Relación con Dios

Dios es real y se puede vivir en contacto con Él. Lo hacemos por medio de la oración y de la lectura de la palabra de Dios, la Biblia. Hablamos con Dios y Dios habla con nosotros. Orar y rezar son cosas diferentes, aunque muchos no sepan cuál es la diferencia: rezar es repetir oraciones ya escritas, que pueden tener un profundo contenido, como sucede con el Padre Nuestro, pero no es espontáneo. Decimos cosas que alguien escribió. No digo que esté mal hacerlo, pero lo que verdaderamente nos pone en contacto con Dios es hablar con Él como lo hacemos con cualquier otra persona, exponiéndole nuestros problemas, o los de otras personas por quienes intercedemos. Son muchas las indicaciones que la Biblia nos proporciona sobre la oración y que no corresponde incluir aquí. Aconsejo al lector buscar en alguna concordancia bíblica y recorrer las diferentes citas al respecto. Seguro que le instruirán enormemente sobre el tema.[6] En cuanto a la lectura de la Biblia, la mejor manera de hacerlo es siguiendo un plan de lectura. Es mejor comenzar por el Nuevo Testamento, por el Evangelio de Mateo y seguir su orden hasta Apocalipsis. Después se puede seguir por el Antiguo Testamento. Hay mucha literatura interesante para ayudar en la lectura de las Escrituras.

---

[6] Algunas de estas citas: Mateo 6:5-15; Lucas 11:5-13; Romanos 8:26-28; 1 Timoteo 2:1-8; 1 Juan 5:13-15.

Las relaciones con otros creyentes

Lo normal es que el creyente se relacione con otros creyentes, comprometiéndose con una congregación o parroquia con la que se identifique, tanto en su teología como en su organización y funcionamiento. En la comunión con los hermanos hay mucho beneficio. El cristiano no puede vivir su fe aislado, la vive en comunidad. En la Iglesia, uno recibe y da. San Pablo nos da una referencia muy interesante sobre lo que podemos dar y recibir entre nuestros hermanos cuando nos reunimos para darle culto a Dios:

> Nosotros, siendo muchos, somos un cuerpo en Cristo, y todos miembros los unos de los otros. Tenemos, pues, diferentes dones, según la gracia que nos es dada: el que tiene el don de profecía, úselo conforme a la medida de la fe; el de servicio, en servir; el que enseña, en la enseñanza; el que exhorta, en la exhortación; el que reparte, con generosidad; el que preside, con solicitud; el que hace misericordia, con alegría. (Ro 12:5-8).

El testimonio cristiano

Hoy en día cuesta trabajo mantener el testimonio cristiano en un mundo poscristiano, donde ser creyente es motivo para cierto desprecio condescendiente de muchos de nuestros familiares y compañeros de trabajo. Pero el creyente fiel no se deja arrastrar por la corriente y mantiene sus convicciones ante la oposición y la burla.

Compromiso con el pueblo de Dios

Además de todo esto, el creyente genuino es una persona comprometida con su comunidad, a la que apoya y mantiene con su participación activa, con sus dones y talentos personales y, por supuesto, con su economía, expresión máxima del compromiso. El apoyo económico abarca el sostenimiento del culto y de sus ministros y la solidaridad con los más necesitados. San Pablo, escribiendo a los corintios, alaba la generosidad de las iglesias de Macedonia, de las que dice:

> ... a sí mismos se dieron primeramente al Señor y luego a nosotros, por la voluntad de Dios. (2 Cor 8:5).

La mayor muestra de generosidad es darse a sí mismo a cualquier causa que merezca la pena: la causa cristiana lo merece.

CAPÍTULO 10

Dios: ¿realidad o ficción?

El mundo está dividido en dos clases de personas: los que creen que Dios existe y los que no lo creen. Es decir, creyentes y ateos. Ni todos los que creen en Dios son iguales, ni tampoco los que no creen lo son. Existe también un determinado número de personas que dicen no tener a su disposición los medios para averiguar si Dios existe o no: son los llamados *agnósticos*, que en la práctica forman parte de los ateos.

Son diversas las causas por las que unos y otros son lo que son. Algunos afirman: «Soy hombre (o mujer) de ciencia: ¿cómo puedo creer en Dios?».

No creo que sea esta una afirmación muy acertada, por diversas razones. La primera es que ambas cosas —ser hombre o mujer de ciencia y ser creyente— no son incompatibles. De hecho, más de la mitad de los científicos del planeta, entre ellos no pocos premios Nobel, son creyentes. ¿Entrarán estos científicos eminentes en la categoría de «ignorantes», tal como algunos «entendidos» califican a quienes creen en Dios? El mismísimo Peter Higgs, que en 1964 propuso la existencia de la partícula conocida desde entonces como «bosón de Higgs», y que se confiesa no creyente, ha declarado recientemente, tras haberse comprobado su teoría, que «conoce a muchos colegas que son científicos y creyentes» a la vez que considera que la ciencia y la religión «pueden ser compatibles, con tal de que uno no sea dogmático».[1]

La segunda razón es que una ciencia que, de entrada, por sistema, excluye una posibilidad, no es demasiado científica. El problema no es que la ciencia excluya la fe y la posibilidad de que Dios exista; el problema está en que son las ideas preconcebidas o interesadas de muchos científicos las que llevan a hacer tal exclusión: es la filosofía, la ideología, la que excluye a Dios, no la ciencia. De hecho, la exactitud y precisión matemática del equilibrio que rige en el universo y el milagro de la vida son indicios que exigen una causa bastante más razonable que el puro azar del que nos hablan los científicos ateos. La evolución puede ser una evidencia científica; el darwinismo, sin embargo, es una filosofía interpretativa en proceso de transformación —o evolución— como cualquier otra. Requiere más «fe» creer en el mito del azar como causa de todo cuanto existe que admitir la posibilidad de que lo sea una mente o ente externo a quien llamamos Dios. Además, las cuentas no les salen a los darwinistas. Si el ADN es como un programa cibernético extremadamente elaborado y complejo, díganle al creador de Windows —una invención de párvulos, en comparación con el ADN— que su programa tiene probabilidades de ser generado por azar, que solo es cuestión de tiempo. Sí, pero ¿cuánto tiempo? Los millones de años asignados por los científicos al universo no dan para tanto. Por mucho que los estiren y se salgan de las evidencias que hoy se barajan, habría que con-

---

[1] Entrevista de *El Mundo*, 28/12/2012, edición digital.

cluir que más bien es un imposible. No niego aquí la evolución, niego el azar.

La realidad se reduce a dos posibilidades. Una: existe Dios, causa y origen de todo lo existente. Dos: no existe Dios. En tal caso, ¿cómo se explica la realidad de cuanto vemos y de lo que no es observable porque escapa a nuestras limitaciones, que no son pocas? Ahí vienen las teorías más o menos inteligentes para tratar de explicar lo inexplicable. Unas suplantan o desplazan a otras, y las existentes ahora no serán válidas mañana. No obstante, es legítimo que quienes no creen en la posibilidad de una creación divina busquen opciones más o menos lógicas para tratar de explicar los secretos del universo. No hay objeción al respecto.

La fe es una experiencia, y una experiencia poderosa, no algo que se hereda ni a lo que se llega por deducción. En cierta manera, como dice el Salmo 19, «Los cielos cuentan la gloria de Dios y el firmamento anuncia la obra de sus manos» (v. 1), y razonando uno puede llegar a ciertas conclusiones, pero estas no serán nunca definitivas si tan solo se basan en la capacidad cognoscitiva de la mente humana. Tampoco basta con creer en la existencia de una causa superior a la que llamamos Dios, pues ese tipo de creencia no afecta a la vida práctica. La fe es una experiencia basada en lo que llamamos «revelación». Los creyentes de verdad, aquellos que viven una fe poderosa y transformadora, somos creyentes porque hemos vivido una experiencia personal con Dios. Somos creyentes porque hemos «conocido» a Dios, que se ha revelado para que lo podamos conocer. De hecho, si Dios no se hubiera revelado, nunca habríamos sabido de Él, porque, como bien afirma la ciencia, queda fuera de nuestro campo de comprobación. La ciencia solo se ocupa de lo experimentable físicamente. El resto es motivo de estudio de lo que los filósofos han llamado *metafísica*, es decir, lo que está más allá de la física.

Unamuno hacía referencia a la llamada fe del carbonero, que evidentemente no es a la que aquí nos referimos. Se dice que aquel carbonero, cuando le preguntaban qué cosas creía, contestaba: «Todo cuanto enseña la santa madre Iglesia». Y cuando le preguntaban por lo que enseñaba la Iglesia respondía: «Lo mismo que yo creo». Un circunloquio indescifrable. Esa es la fe de quien no es capaz de razonar lo que cree. La fe cristiana no está reñida con la razón. Todo lo contrario: ha de ser razonable, aunque no todo pueda ser racionalizado. Al principio, cuando la nueva fe se enfrentaba a la feroz oposición de sus contrarios —el judaísmo, de donde había salido como disidencia, y el paganismo grecorromano— surgieron hombres capaces que usaron su discurso hablado y escrito para defenderla. Recurrieron a la palabra, a la argumentación filosófica, a la confrontación verbal. Se les llamó apologistas o defensores de la fe y son los padres de la teología. No quiero decir que todo cuanto nos legaron sea incuestionable, pero demostraron que la fe cristiana no es algo absurdo o que no pueda ser razonado.

La fe no es un salto en el vacío como muchos opinan. No es creer cualquier cosa. Una persona que se cree cualquier cosa sin comprobarla es una persona crédula, y la credulidad no es fe, sino ingenuidad. El ignorante creerá cualquier cosa que se le diga si quien se lo dice merece su respeto. En ocasiones la ignorancia lleva a todo lo contrario: a no creer nada, por pura desconfianza. Sabe el ignorante —aunque en ocasiones la ignorancia es osada— que no sabe, y piensa que todos quieren engañarlo. Los manipuladores de toda índole, sean religiosos, políticos, pseudocientíficos o meros explotadores, se valdrán de la credulidad de las personas para embaucarlos con su lenguaje seductor.

Tampoco constituye fe el conjunto de ideas con las que uno más o menos está de acuerdo. Eso son sus creencias, que por cierto, no suelen ser demasiado estables. Algunas hunden sus raíces en tradiciones antiguas transmitidas de padres a hijos o forman parte de lo que se llama cultura; a veces, en meros bulos que nadie nunca se ha atrevido a cuestionar. Afortunadamente, vivimos en tiempos en los que todo se cuestiona, se duda de todo, todo necesita verificación. La fe verdadera no le tiene miedo a la verificación, sino que se apoya en ella. Pero hacen falta pruebas convincentes, no lo que la Biblia llama «los argumentos de la falsamente llamada ciencia» (1 Tm 6:20). La mera creencia no es fe.

Y si hablamos de fe, no es esta una virtud exclusivamente cristiana, sino que forma parte del patrimonio universal de la humanidad. Todo el mundo cree en algo. Hemos hablado antes de creencias y hemos dicho que la creencia no es fe. La fe es algo mucho más poderoso. La fe hace que los fanáticos islamistas se inmolen en sus acciones terroristas para —según están ciegamente convencidos— hacer la voluntad de Alá. Es fe la que ejercen los ateos que creen firmemente que el azar ha originado el universo y ha producido la vida por una simple acumulación de casualidades. Los unos se basan en su Corán, revelación de Dios a Mahoma. Los otros, en teorías científicas elaboradas por sus «sabios», siguiendo indicios y descubrimientos realmente prodigiosos, pero que interpretan condicionados por ideas que más que científicas son de carácter absolutamente filosófico o están teñidas por una determinada ideología. Mucho ha avanzado la ciencia, por cierto, pero en nuestra pequeñez —nuestra *insondable levedad del ser*— estamos a años luz, nunca mejor dicho, de poder explicar el universo basados en esa única fuerza motriz posible —por no decir imposible— que es el azar. Es igualmente la fe en sus ideales la que ha llevado a muchos a dar su vida por alguna causa que para ellos valía la pena, lo cual es loable, sobre todo en un mundo materializado dirigido casi exclusivamente por la fuerza de los intereses personales y por una avaricia patológica que lo está llevando a la ruina moral y material, cuando la tecnología y la ciencia han aportado suficiente conocimiento y capacidad para hacer de este un mundo mejor y más justo. La realidad es todo lo contrario.

Pero la fe del cristiano es diferente, porque es sobrenatural, poderosa y transformadora. Evidentemente, para muchos esta afirmación sonará a gratuita e incluso a excesiva. No importa: basta comprobar sus efectos. La fe genuina del cristiano no se basa en suposiciones, ni en sensaciones o emociones, ni nace del fanatismo religioso, sino que se fundamenta en lo que Dios ha hablado y está respaldada por su poder. El contenido de la Biblia podrá ser puesto en duda, pero si en verdad es palabra de Dios, debe de tener una fuerza incuestionable. La fe del cristiano se basa en esa palabra; es confianza puesta en ella, y esa confianza se refuerza cuando se cumple y se hace realidad. Por eso la fe del creyente está ligada a su experiencia espiritual, es una vivencia, una realidad que proporciona una fuerza y un poder incuestionable:

El Evangelio es poder de Dios para salvación de todo aquel que cree. (Ro 1:16).

Da testimonio de ello el autor de la Carta a los Hebreos, que escribe:

Es, pues, la fe la certeza de lo que se espera, la convicción de lo que no se ve. Por ella alcanzaron buen testimonio los antiguos. (Heb 11:1-2).

Sigue a continuación una lista de personajes bíblicos que ejercieron la fe poderosa y recibieron respuesta de Dios. La fe bíblica tiene fundamento y sustento, es una certeza, una profunda convicción. Nunca Dios ha pedido a nadie dar un salto en el vacío. Cuando ha pedido algo a sus hijos ha sido basándose en la confianza que esos hombres y mujeres habían desarrollado en su experiencia cotidiana, en su caminar con Dios. Ellos se fiaron de Dios porque lo conocían bien. La fe en general la ejercen todos los días los amigos, los amantes, los compañeros de trabajo que dependen unos de otros. Lo hacen basándose en su experiencia, en que se conocen y pueden confiar el uno en el otro. Con Dios es igual.

¿Y las dudas? Dudar es la base de la ciencia, del conocimiento. Dar las cosas por sentadas no trae ningún beneficio; más bien lo contrario; uno puede seguir confiado un camino que al final es erróneo e incluso ruinoso. Alguien le dijo que era la senda correcta, pero estaba equivocado, y el resultado es el desastre. Poner en tela de juicio todas las cosas es el comienzo para alcanzar la verdad. Pero hay que ser honestos y, ya que dudamos, dudar de todo. De la ciencia también. De los dogmas religiosos y de los dogmas científicos, si queremos estar abiertos a la verdad. Y una vez que dudamos, hay que luchar por encontrar la verdad, aunque esta no guste. Aunque contradiga todo lo que hemos creído por años.

A los no creyentes no les gustará oír lo que dijo Jesús cuando afirmó categóricamente:

Yo soy el camino, y la verdad, y la vida; nadie viene al Padre si no es por mí. (Jn 14:6).

No están para esos absolutos, aunque ellos tengan otros absolutos que sí les son válidos y admiten sin discusión, como dogmas infalibles e inamovibles. La verdad es el logos, concepto que el apóstol Juan tomó de los filósofos griegos, pero que expresa muy bien la realidad: el logos es la razón última de todas las cosas; la verdad, su expresión absoluta. Por eso como cristianos podemos poseer la verdad como persona sin poseer plenamente la verdad conceptual, porque esta no la tiene nadie, sino solo Dios. La verdad es Cristo. Nuestros conceptos e ideas acerca de Él y de todo lo demás son incompletos e imperfectos, nuestra comprensión del universo, de lo humano y de lo divino, es parcial y limitada. Seamos humildes. No hay argumentos contra la realidad de un Dios revelado en lo más profundo del ser. Como tampoco hay argumentos para convencer a quien mantiene la oscuridad en lo profundo de su alma, a menos que la luz de Dios ilumine esa negrura espiritual. Con el lenguaje propio de su tiempo, y aunque suene mal a los oídos de muchos hoy, así lo expresaba Pablo:

> ... andan en la vanidad de su mente, teniendo el entendimiento entenebrecido, ajenos de la vida de Dios por la ignorancia que en ellos hay, por la dureza de su corazón. Estos, después que perdieron toda sensibilidad, se entregaron al libertinaje para cometer con avidez toda clase de impureza. (Ef 4:17-19).

Mente vana, entendimiento entenebrecido, incapacidad para percibir lo divino, ignorancia, dureza de corazón, insensibilidad espiritual, libertinaje, impureza... Esa es la realidad en la que muchos viven. No todos los no creyentes son iguales. Algunos manifiestan que les gustaría poder creer, pero no pueden. Incluso admiran a los creyentes que son coherentes con su fe. Cuando hay honestidad y sinceridad, Dios no está lejos. A veces se hace el encontradizo. Puedo dar testimonio de ello: primero fui religioso, después ateo o agnóstico, no sabría muy bien definirlo; por último, tras una poderosa experiencia con Dios, creyente, y sigo siéndolo tras más de cuarenta años de experiencia cristiana. No sigo la tradición de mis padres, ni la corriente cultural de mi tierra, ni el descreimiento y secularismo imperante. Me identifico como creyente, respetuoso con los que creen de forma diferente a mí, pero mis convicciones son firmes a la vez que mantengo mi mente abierta.

En realidad, el ateísmo real no existe, porque, aunque no al modo tradicional, los ateos también tienen su dios y todos los demás elementos propios de una religión: la Ilustración

—el Siglo de las Luces— proclamó como tal a la diosa razón. Su *logos* es la ciencia. Su Espíritu Santo, el azar. Sus profetas: Voltaire, Darwin, Nietzsche, Sartre, Bertrand Russell, y otros. Sus escritos constituyen sus escrituras sagradas. Numerosos profesores, actores, políticos, etcétera, son sus apóstoles. Emiten sus dogmas incuestionables. Tienen sus inquisiciones, sus sambenitos, sus hogueras mediáticas. Y sus pretensiones eclesiásticas… ¿Qué los distingue de los demás? Ahora quieren equipararse con las religiones. Uno de sus argumentos preferidos es el daño que estas han hecho a la humanidad: las guerras, persecuciones y exterminios por motivos religiosos. Ahí hemos de entonar el *mea culpa*, porque tales hechos constituyen una vergüenza para quienes dicen creer en Dios, y especialmente para los cristianos que creemos en un Dios de justicia, de paz y de amor. Pero olvidan, por un lado, los inmensos beneficios que la fe cristiana ha traído a la humanidad, la dedicación y el sacrificio de muchos hombres y mujeres por mejorar las condiciones de vida de sus semejantes, como auténticos buenos samaritanos, y los avances de la humanidad a nivel social, político, artístico y científico, todos ellos innegables. Por otro lado, también olvidan que la falta de religión, la increencia, también ha producido efectos nefastos similares en nuestro mundo: el darwinismo sociológico llevó al nazismo. Otros, que entendían que la religión tenía que ser erradicada, produjeron los regímenes de Stalin, de Mao, de los Jemeres Rojos, etcétera, de los que no hace falta dar detalles. Y muchos casos más. Y todos sus intentos por traer justicia, paz y bienestar a este mundo han sido infructuosos. El problema no es de la fe, es de la humanidad.

Después de todo lo dicho, si no eres creyente, deberías considerar la posibilidad de que exista Dios. Cerrarse o descartar *a priori* esta opción es cerrar la puerta al conocimiento. Tan imposible les es a los creyentes demostrar que Dios existe como a los no creyentes probar lo contrario. El ateo se basa en su incapacidad para creer, en su no experiencia de Dios. El creyente, cuando es genuino, en su experiencia personal con Dios. No hay argumentos racionales suficientes en ninguno de los dos sentidos. No hay manera de demostrar que no existe Dios, porque puede estar oculto en una dimensión a la que los humanos no alcanzamos; el universo es demasiado insondable como para afirmar categóricamente lo contrario. Si existe Dios, negarlo no lo elimina en absoluto. Los que afirmamos que Dios existe porque lo hemos conocido ¿tendremos razón? Somos muchos, y no tan ignorantes...

CONCLUSIÓN

Puede que el católico piense que un protestante no es cristiano, porque es un hereje que está fuera de la verdadera Iglesia. A la inversa, quizá el protestante opine que quien no es cristiano es el católico, porque es idólatra, y porque no ha nacido de nuevo. Un ortodoxo puede pensar que ninguno de ellos es cristiano, porque ninguno se ha mantenido en la ortodoxia original del cristianismo. En realidad, poco importa lo que piensen unos u otros, porque uno no agrada a Dios y se salva por ser católico, o protestante u ortodoxo, sino por ser seguidor de Jesucristo.

Lo que importa es lo que piensa Dios de cada uno de nosotros. No se trata, pues, de que el lector esté de acuerdo con todo cuanto he escrito en esta reflexión sobre el cristianismo, sino que el debate, la duda, incluso la indignación, si en algún momento mis palabras han suscitado ese sentimiento, lo lleven a asumir que ser cristiano significa mucho más que acudir periódicamente a los oficios religiosos propios de la confesión cristiana a la que pertenece. El cristianismo se vive en el compromiso: compromiso con Dios y compromiso con otros cristianos, nuestros hermanos, que dicen creer y seguir a Cristo, el único Cristo, porque, como dice la Escritura, Él no está dividido. Las divisiones son nuestras. Las iglesias-organizaciones están divididas, separadas las unas de las otras. La Iglesia de Jesucristo, no. Podemos pertenecer, como de hecho así sucede, a esas iglesias-organizaciones, pero lo importante es pertenecer a la Iglesia real, que lo es en el Espíritu, y está formada por todos los redimidos, de toda raza y nación, independientemente de su filiación a cualquiera de aquellas. Somos cristianos, no porque pertenecemos a la Iglesia, sino al revés: pertenecemos a la Iglesia porque somos cristianos, es decir discípulos y seguidores de Jesucristo. Lo son quienes han vivido una experiencia de salvación, una conversión genuina, y viven en el poder del Espíritu Santo, dando sus frutos, porque, como bien dijo Jesús:

No todo el que me dice «Señor, Señor», entrará en el Reino de los cielos, sino el que hace la voluntad de mi Padre que está en los cielos. (Mt 7:21).

BIBLIOGRAFÍA

Actas del Concilio de Trento; <http://www.intratext.com/IXT/ ESL0057/_P1U.HTM>

ÁLVAREZ JUNCO, José: *Mater Dolorosa. La idea de España en el siglo XIX*; Madrid: Taurus, 2001.

BERCOT, David W. (editor): *A Dictionary of Early Christian Beliefs*; Peabody (Massachusetts): Hendrickson, 2003.

CARO BAROJA, Julio: *Las formas complejas de la vida religiosa. (Siglos XVI y XVII)*; Madrid: Sarpe, 1985.

Catecismo de la Iglesia católica; <http://www.vatican.va/archive/ catechism>

DAVIDSON-KELLY, John N.: *Early Christian Doctrines*; Peabody (Massachusetts): Prince Press, 2004.

FILORAMO, Giovanni y Daniele Menozzi: *Storia del Cristianesimo*; Milán: Mondolibri, 2002; 4 tomos.

GRAU, José: *Catolicismo romano* (anteriormente, *Concilios*); Barcelona: Ediciones Evangélicas Europeas, 1987; 2 tomos.

JOHNSON, Paul: *Historia del cristianismo*; Barcelona: Vergara, 2004.

LATOURETTE, Kenneth S.: *A History of Christianity*; Peabody (Massachusetts): Prince Press, 2005; 2 tomos.

LIGHTFOOT, J. B.: *Los Padres Apostólicos*; Terrassa (Barcelona): CLIE, 1990.

PAGOLA, José Antonio: *Jesús. Aproximación histórica*; Boadilla del Monte (Madrid): ppc, 2007.

PELIKAN, Jaroslav: *The Christian Tradition. A History of the Development of Doctrine*; Chicago-Londres, 1975; 5 tomos.

RATZINGER, Joseph (Benedicto xvi): *Jesús de Nazaret*; Madrid: La Esfera de los Libros, 2007; 2 tomos.

SCHAFF, Philip: *History of the Christian Church*; Peabody (Massachusetts): Hendrickson, 2006.

— *The Creeds of Christendom*; Grand Rapids (Míchigan): Baker Books, 2007; 3 tomos.

VV. AA.: *The Anti-Nicene Fathers*; Albany (Oregón): The Sage Digital Library, Sage Software, 1966; 10 tomos.

— *The Nicene & Post-Nicene Fathers*; Albany (Oregón): The Sage Digital Library, Sage Software, 1966; 14 tomos.

Nota:
Las versiones de la Biblia mayoritariamente citadas son dos:
— Santa Biblia, Reina-Valera, 1995, de las Sociedades Bíblicas Unidas.
— La Palabra, Traducción Interconfesional de la Sociedad Bíblica de España; Madrid, 2010.

OTROS TÍTULOS DE LA COLECCIÓN